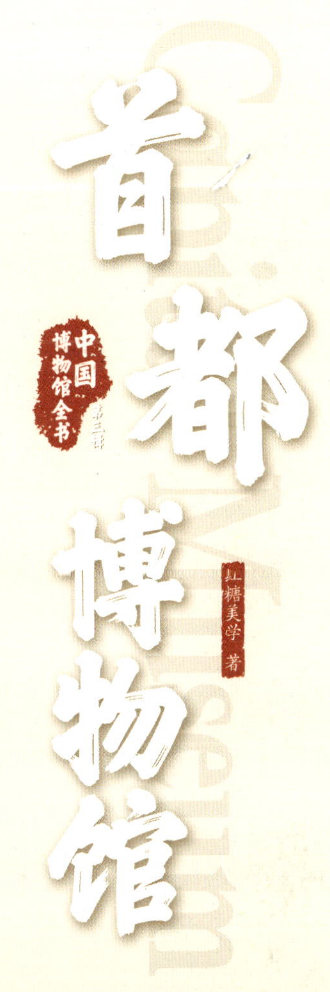

華中科技大學出版社
http://press.hust.edu.cn
中国 · 武汉

前言 Preface

欢迎你踏上这场奇妙的历史文化之旅——一次穿越时间和空间，与文物对话的机会。在这套图书中，我们将带你走进10座极富特色的中国博物馆，一窥那些见证历史沧桑、承载文明智慧的国宝。

每一座博物馆都是一座宝库，不仅收藏着数不清的历史珍品与艺术精品，更蕴含着无尽的知识和故事。在这些博物馆宁静的大厅里，时间似乎停滞了。古代工匠们的智慧和才能，历史的波澜和变迁，使得每一件展品都鲜活起来，等待着我们去发现和了解。

从甘肃省博物馆的历史厚重到首都博物馆的皇家气韵，从成都博物馆的天府风采到广东省博物馆的岭南风情，从布达拉宫的神秘庄严到敦煌博物馆的视觉震撼，从殷墟博物馆的商代遗迹到秦始皇帝陵博物院的兵马雄风，再到中国丝绸博物馆、新疆维吾尔自治区博物馆的地域特色，本套图书将为你开启一扇时光之门，带你走进一处处国家宝藏胜地。

我们深知，以一套书的有限篇幅，无法完整展现每座博物馆所有重要的国宝。于是，我们从文物的历史和文化价值、工艺水平、独特性与创新性，以及社会知名度和影响力等多方面综合考量，精心挑选了每座博物馆的20～24件最具代表性的珍贵文物。它们有的是各自博物馆的镇馆之宝，有的是某个时代的历史见证。此外，为了让读者更清晰地对文物进行了解和比较，我们将文物按不同类型来介绍。通过这些文物，读者不仅能欣赏到数千年间的艺术瑰宝，更能深入探索中华文明的发展脉络，体会历史的深度与厚重。

你即将翻阅的是首都博物馆分册。当踏入这座殿堂，你仿佛置身于一座跨越时空的文化迷宫。这是一幅徐徐展开的古都画卷，诉说着北京历史的辉煌与沧桑。每一件展品都是一把钥匙，为你打开通往过去的神秘之门。从西周的青铜重器，到元明的精美瓷器，再到清代的皇家瑰宝。它们静静陈列，如同岁月的守护者，在诉说着古都的传奇。在本书中，你可以与历史对视，聆听文明的回响，触摸岁月的温度，感受这座伟大城市的文化脉动。

我们相信，这不仅是一次认知和学习的过程，更是一次心灵和情感的旅行。我们希望，这套图书能够激起你对历史的好奇心，唤起你对传统文化的尊重和保护，更希望这趟文化之旅成为你心中宝贵的记忆。

目录 Contents

11 博物馆概况

12 位置与规模

13 发展历程

15 藏品概况

17 展览设置

21 博物馆展览分布图

23 镇馆之宝

禁止出境文物

24 伯矩鬲

最"牛"青铜器

26 景德镇窑青白釉水月观音菩萨像

一眼千年的"东方美神"

28 景德镇窑青花凤首扁壶

凤舞九霄青花韵

30 景德镇窑青白釉戏剧舞台人物纹枕

元曲"留声枕"

32 琉璃三彩龙凤纹熏炉

龙凤呈祥的香雾仙境

器物小知识

34 博山炉知多少

拓展话题

35 造型精妙的熏炉瑰宝

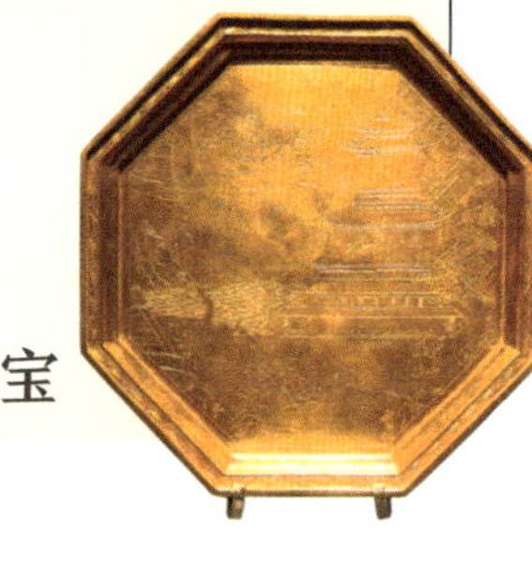

36 清乾隆款景德镇窑外粉彩内青花镂空花果纹六方套瓶

六方玲珑果香瓶

39 馆藏文物

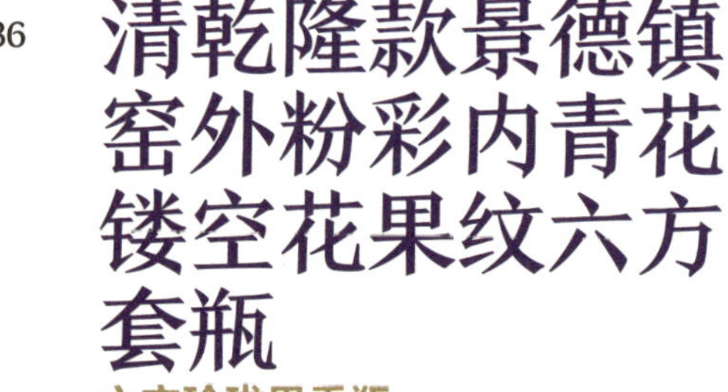

41 金属器

42 班簋

毛公东征的青铜记忆

44 鎏金银覆面

契丹贵族的永眠之饰

46 錾花人物楼阁图八方盘

八方世界中的仙缘戏梦

48 海水江崖瑞兽纹金盏托

瑞兽戏江崖

50 缠枝莲飞凤纹透腿铜镜

对镜贴花黄

器物小知识

52 古代铜镜上的精美纹饰

拓展话题

53 古人的梳妆台好物

54 铜坐龙
踞坐龙尊

57 陶瓷器

58 景德镇窑青花鸳鸯戏水玉壶春瓶
夏日荷塘小记

60 磁州窑白地黑花龙凤纹四系扁壶
龙凤和鸣的磁州墨韵

62 青花红彩鱼藻纹盖罐
红鱼游弋池塘间

64 三彩马
华裳良骏

66 天蓝釉贴花兽面纹连座双耳瓶
五兽驮负宝瓶

拓展话题

68 双耳瓶之雅韵

69 五光十色的瓷器釉彩

70 景德镇窑青花御窑厂图圆瓷板
景德镇御窑厂的“定格照”

拓展话题

72 古画中的景德镇窑制瓷“纪录片”

75 其他文物

76 释迦牟尼佛像
北魏金铜造像的典范

78 石函
世尊涅槃纪事绘

80 织锦夹金五佛冠
华锦镀金之佛教宝冠

拓展话题

82 妙应寺白塔与塔内珍宝

84 缂金十二章龙袍
纹饰寓意深刻的华服

86 广寒宫螺钿漆器残片
广寒宫“户型图”

88 “子刚”款白玉夔凤纹卮
玉卮盛酒置君前

90 附录：中国大运河博物馆

94 北京市其他博物馆名录（节选）

入口

博物馆概况

首都博物馆（Capital Museum）坐落于北京市西长安街的西延长线上，为北京乃至中国省市级综合性博物馆的杰出代表。首都博物馆集文物收藏、展览展示、学术研究、考古发掘、公共教育及文化交流等多重功能于一身，展现了北京乃至中国的悠久历史和灿烂文化。

位置与规模

首都博物馆主馆位于北京市西城区复兴门外大街16号，占地面积约6.5万平方米，其中公众服务及展厅面积近1.8万平方米，藏品库房约1.4万平方米，藏品数量超过12万件（套），以北京地区出土文物和传世艺术品为主。其建筑设计秉持“以人为本，以文物为本，为社会服务”的核心理念，巧妙融合古典元素与现代风格，外观庄重典雅又不失灵动之美。内部空间布局合理，功能分区明确，设有众多展厅，宏大的规模为藏品的展示和多元文化活动的开展提供了坚实保障，是承载和展示北京深厚历史文化底蕴的核心场所。

2023年12月27日，首都博物馆东馆，即北京大运河博物馆正式对公众开放。该馆坐落于北京市通州区绿心路1号院5号楼，总建筑面积约9.97万平方米。其建筑设计灵感源自古运河图景中的船、帆、水三种元素，由共享大厅、展陈大楼（主楼）和休闲水街构成。主楼的屋顶造型仿若层层风帆，共享大厅的屋顶造型宛如一艘巨轮，整体造型生动地诠释了大运河的千年航运历史与文化内涵。随着不断发展，这里将全方位地展现大运河的独特魅力与深厚底蕴，成为北京城市副中心的文化新地标和公众了解大运河文化的重要窗口。

发展历程

首都博物馆始筹备于1953年，从最初的北京孔庙，发展为拥有现代化设施的新馆，后续还建成龙山分馆、东馆，逐步成为集中展示北京历史文化、推动文化传承与创新的重要平台，见证了北京从古都到国际化大都市的文化发展历程。

○ 筹备与初建

1953年，首都博物馆的筹备工作正式启动，其馆址最初设在北京市东城区国子监街的孔庙内。在这一时期，博物馆的筹备工作主要围绕藏品收集、展览策划展开。同时，基础设施建设也在稳步推进，为博物馆的正式开放打下了坚实基础。历经近三十年的精心筹备，1981年，首都博物馆终于正式对外开放，标志着其作为北京市重要文化窗口的崭新开始。

○ 新馆规划与建设

进入20世纪90年代末期，为适应城市发展需要及满足公众日益增长的文化需求，首都博物馆新馆建设项目被提上日程。1999年，该项目得到北京市委、市政府批准并立项，随后于2001年正式奠基兴建。新馆于2005年12月开始试运行，并于2006年5月18日正式开馆。新馆的落成不仅极大地提升了博物馆的硬件设施水平，也为其后续发展注入了新的活力。

○ 焕新发展

自新馆正式开馆以来，首都博物馆进入了快速发展与现代化的新阶段。博物馆不断推出高质量的展览和活动，吸引了大量国内外观众前来参观。同时，博物馆还积极推进数字化建设，利用现代信息技术提升服务质量和效率。

○ 分馆建设

在发展主馆的同时，首都博物馆也积极推进分馆建设。2020年11月，龙山分馆正式揭牌。2023年12月，首都博物馆东馆（北京大运河博物馆）正式开馆。分馆的建设不仅扩大了首都博物馆的文化辐射范围，还为公众提供了更多元的文化体验。

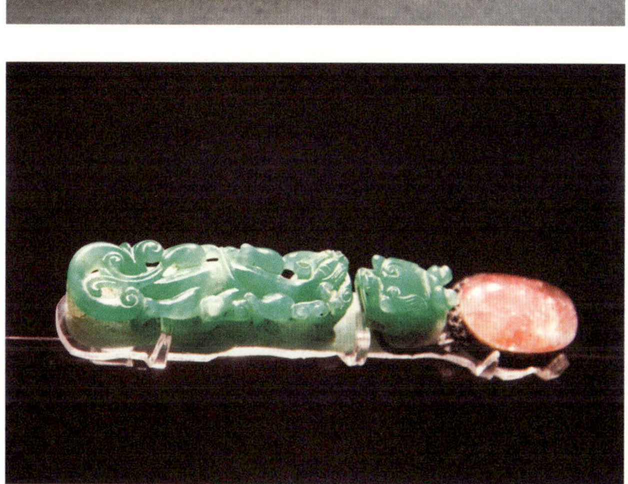

藏品概况

首都博物馆藏品丰富多样，涵盖门类众多，全面展现了从新石器时代至清代的北京乃至中华文明的发展历程，生动地反映了北京地区的历史文化脉络与社会变迁。

○ 主馆藏品概况

首都博物馆主馆拥有藏品超12万件（套），其中珍贵文物达6万余件（套），涵盖青铜器、陶瓷器、佛造像、玉器、金银器、钱币、书法、绘画、织绣、文玩等多个门类。青铜器上的繁复纹饰透露着古老信仰，诉说着往昔的庄重祭祀与权力更迭；陶瓷器的釉彩或明丽夺目，或淡雅清幽，从唐代的雄浑大气到宋代的典雅简约，不同窑口的作品展现出历代陶瓷制作工艺的传承与创新。玉器细腻温润，选材精良，造型灵动飘逸又不失庄重典雅，每一处雕琢皆倾注了匠人心血。这些藏品不仅数量庞大，而且质量上乘，其中不乏国内外罕见的孤品与珍品，见证了从新石器时代至清代的北京乃至中华文明的发展历程。

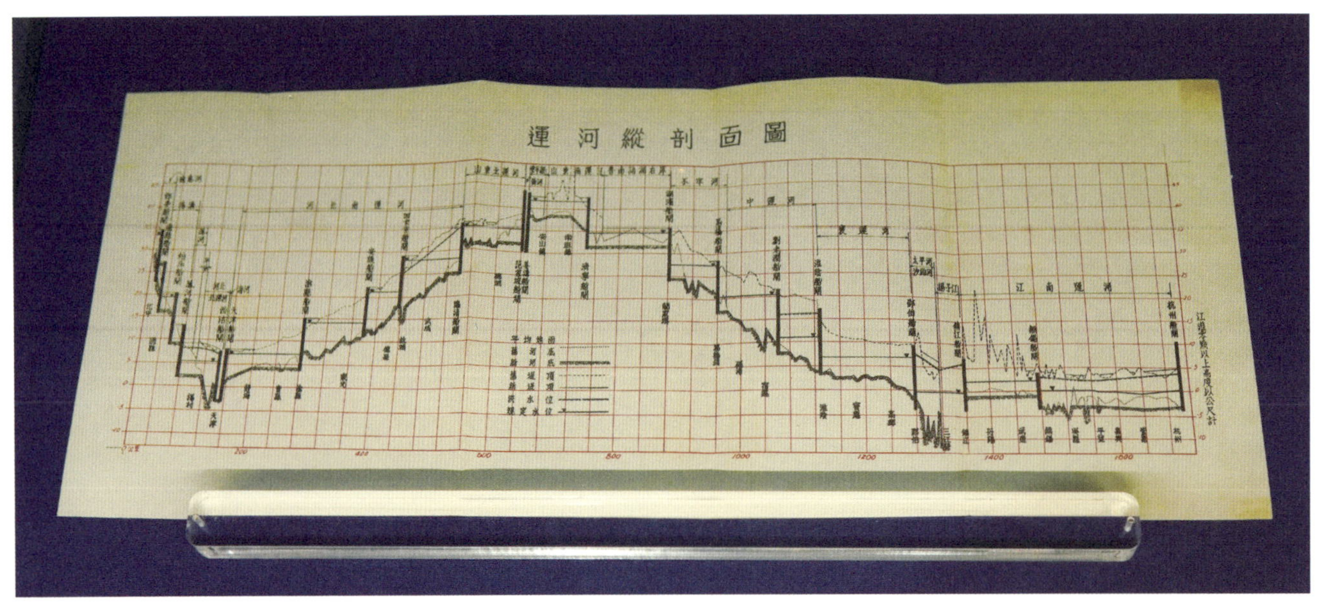

东馆藏品概况

首都博物馆东馆即北京大运河博物馆，其藏品类别丰富多元，涵盖承载历史记忆的青铜器、精美绝伦的陶瓷器，与大运河漕运相关的船模、船具，展现沿岸风土人情的民俗物件，见证商贸往来的各类钱币、契约文书，体现水利智慧的纪实文书，以及描绘运河景致的绘画、书法作品等。这些藏品大多是反映大运河历史文化的瑰宝，它们勾勒出大运河两千多年的发展脉络，生动地展现了大运河从开凿之初到繁盛时期，如何深刻地影响着北京乃至中国的经济、文化和社会发展。

展览设置

首都博物馆的展览设置丰富多样，以『北京通史陈列』为代表的基本陈列梳理了北京的历史脉络；艺术、专题陈列聚焦佛塔文物、青铜器、玉器等特定领域的艺术精品；临时与特别展览则题材广泛，满足观众多元化的文化需求。

○ 主馆常设展览

首都博物馆的常设展览“中华文明的有力见证——北京通史陈列”将北京自远古以来的发展轨迹徐徐铺陈，从旧石器时代的原始器具，到封建王朝更迭中的关键文物，以丰富的展品信息串联起北京历史的漫长脉络，呈现北京在政治、经济、文化等多方面的演进历程。“岁华纪胜——老北京民俗展”则着眼于老北京的烟火日常，通过搭配着老北京民俗物件的场景复原，生动展现了传统节日习俗、民间技艺传承等民俗文化，让观众能沉浸式感受老北京的民俗韵味。

而在圆形展厅中，则设有专题陈列。“千年宝藏　盛世重光——北京古代佛塔文物展”遴选北京古代佛塔文物，展现古都佛教文化底蕴与风貌；“燕地青铜艺术精品展”中的文物以独特的造型和精美的纹饰，呈现北京青铜艺术的高超技艺；“古代玉器艺术精品展”按时间顺序和品类对玉器珍品加以排列，梳理古代玉器工艺的发展脉络。

○ 主馆临时、特别展览

在持续提升常设展览品质的同时，首都博物馆依托自身深厚的历史文化根基，推出一系列高水准的临时与特别展览，彰显北京作为历史文化名城的迷人魅力。例如，“日下春和——北京岁时节令文化系列展”以春季为时间轴，向参观者展示了北京春日的节令习俗、文化活动及与之相关的遗址遗迹；“画中三千界——首都博物馆馆藏明清道释人物画像展”则通过馆藏的百余件珍品，展现出中国多种风格与类型的宗教美术作品的独特魅力；“希腊人——从阿伽门农到亚历山大”以“爱琴文明”“城邦兴起”“古典时代”“文化传播”四个单元，全面地呈现了古希腊文明的辉煌与多元。这些精心筹备的展览，不仅成功吸引了大批观众前来参观，更让首都博物馆切实成为公众深入了解北京本土文化以及世界多元文化的关键平台。

○ 东馆基本陈列

北京大运河博物馆展陈大楼二层的三至六号展厅，承载着基本陈列“京华通惠 运河永济——北京与大运河历史文化陈列”。此展览围绕人、水、城的紧密联系，凭借大量珍贵文物与翔实史料，深入阐述了大运河如何促使北京从北疆重镇一步步蜕变成为国家首都，生动呈现出大运河对北京城市文化的深刻影响以及城市地位的稳固作用，带领观众探寻大运河与北京之间千丝万缕的历史关联。

○ 东馆临时、专题展览

北京大运河博物馆的临时、专题展览同样精彩。例如，“齐白石在北京——首都博物馆齐白石画展”集中展示齐白石在北京的创作生涯中的诸多佳作，让观众领略这位大师艺术风格的发展与演变；“沧海撷珠——北京市文物交流中心珍藏文物展”设“青花雅韵”“璞琢生烟”“古金流彩”等板块，从不同角度展现文物背后的历史故事与文化价值；“五光十色——故宫博物院藏古代颜色釉瓷器展”则将古代各种颜色的釉瓷器精品呈现在观众眼前，其精美的色泽与精湛的工艺，彰显出古代瓷器制作的高超水准。

主 馆

主馆1层

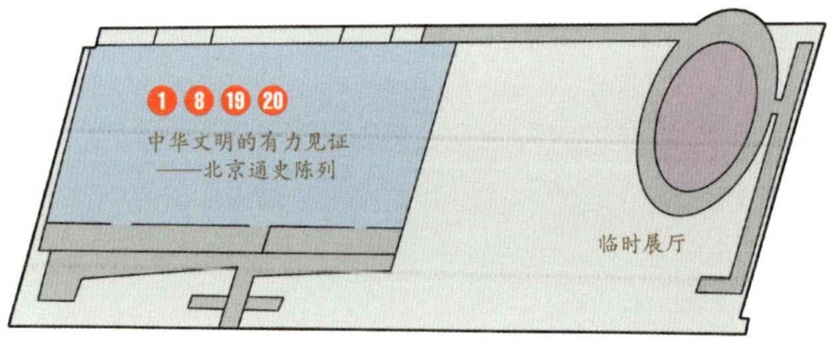

主馆2层

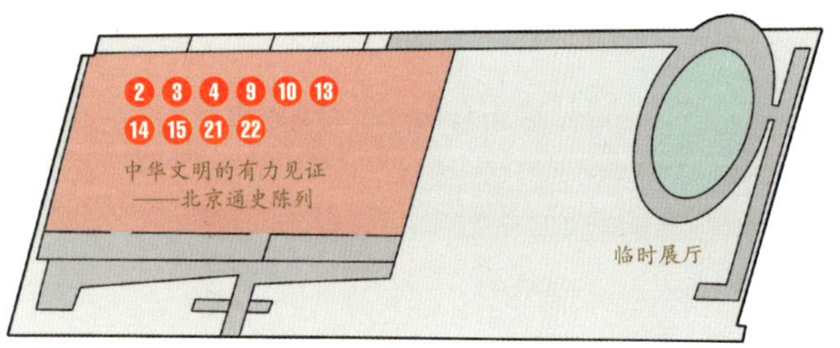

主馆3层

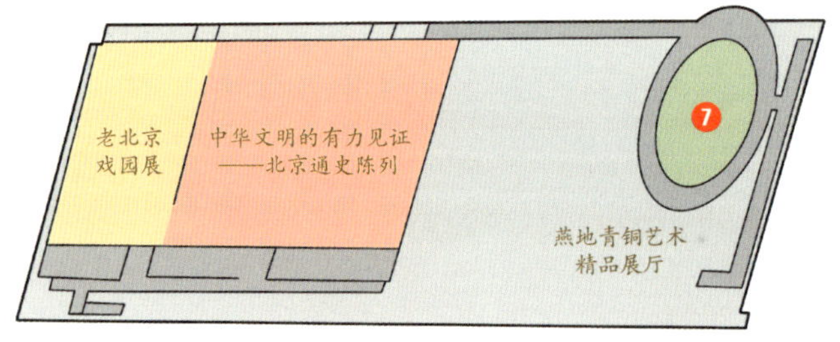

主馆4层

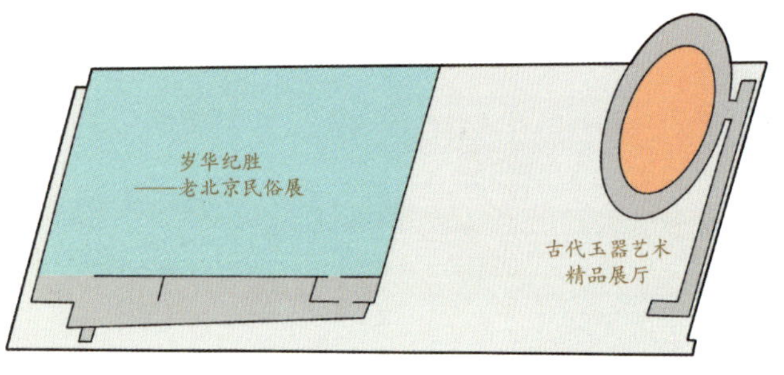

主馆5层

主馆6层

1. 伯矩鬲
2. 景德镇窑青白釉水月观音菩萨像
3. 景德镇窑青花凤首扁壶
4. 景德镇窑青白釉戏剧舞台人物纹枕
5. 琉璃三彩龙凤纹熏炉
6. 清乾隆款景德镇窑外粉彩内青花镂空花果纹六方套瓶
7. 班簋
8. 鎏金银覆面
9. 錾花人物楼阁图八方盘
10. 海水江崖瑞兽纹金盏托
11. 缠枝莲飞凤纹透腿铜镜
12. 铜坐龙
13. 景德镇窑青花鸳鸯戏水玉壶春瓶
14. 磁州窑白地黑花龙凤纹四系扁壶
15. 青花红彩鱼藻纹盖罐
16. 三彩马
17. 天蓝釉贴花兽面纹连座双耳瓶
18. 景德镇窑青花御窑厂图圆瓷板
19. 释迦牟尼佛像
20. 石函
21. 织锦夹金五佛冠
22. 缂金十二章龙袍
23. 广寒宫螺钿漆器残片
24. "子刚"款白玉夔凤纹卮

东 馆

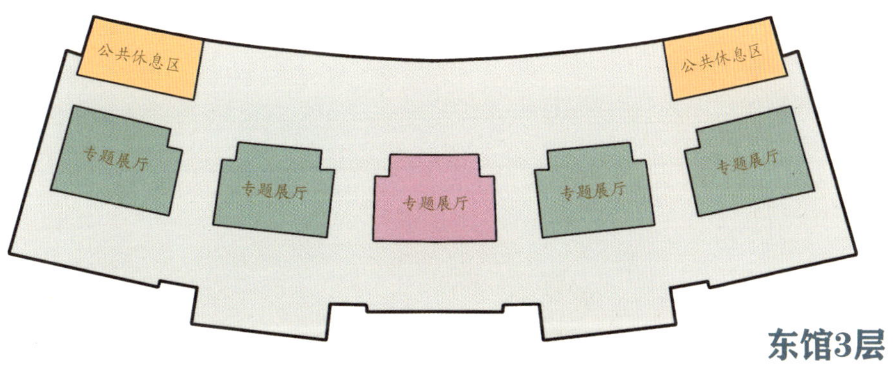

东馆3层

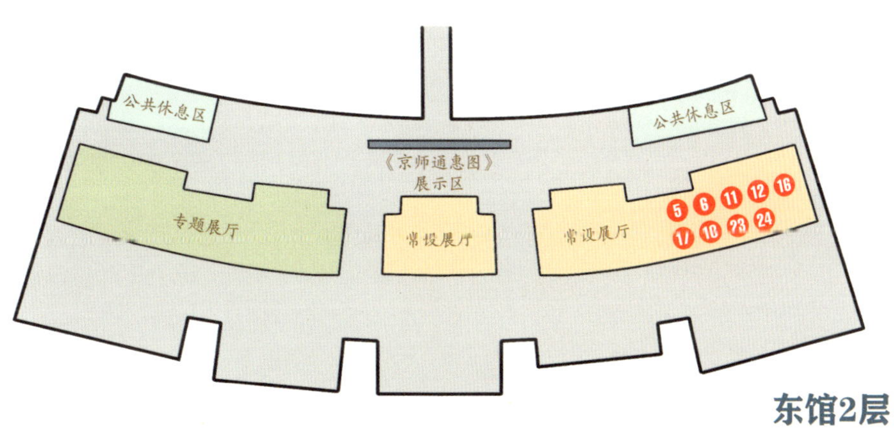

东馆2层

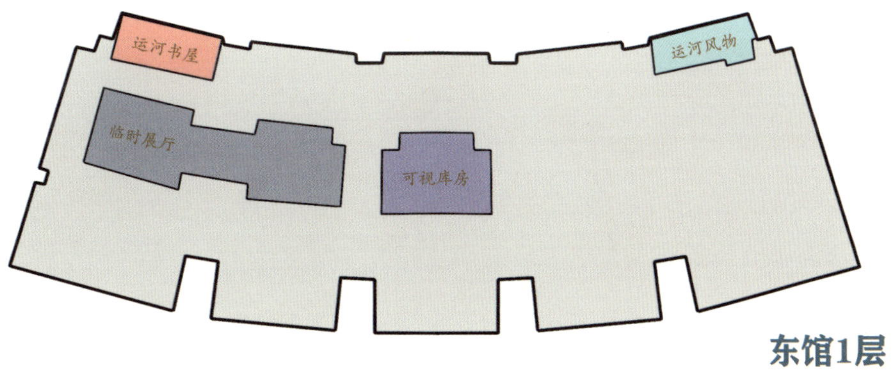

东馆1层

注意 本书的文物所在位置是以作者当前写作阶段的文物位置作为参考标注的，由于各博物馆经常会有馆藏出借、临时特展或巡回展，所以无法保证文物位置固定不变，请各位读者知晓，以实际的参观情形为准。由于页面篇幅有限，此处只展示了首都博物馆主馆和东馆（北京大运河博物馆）部分楼层的展厅信息，请各位读者知晓，以实际的参观情形为准。

镇馆之宝

- 伯矩鬲
- 景德镇窑青白釉水月观音菩萨像
- 景德镇窑青花凤首扁壶
- 景德镇窑青白釉戏剧舞台人物纹枕
- 琉璃三彩龙凤纹熏炉
- 清乾隆款景德镇窑外粉彩内青花镂空花果纹六方套瓶

伯矩鬲

最"牛"青铜器

这件伯矩鬲通高33厘米，口径22.9厘米，因其独特的造型、精湛的工艺和深厚的历史文化内涵，被誉为“最美铜鬲”。

伯矩鬲是西周燕国青铜器的典型代表。其鬲体口沿外折，方唇立耳，颈部束紧，三足呈袋状，整体造型稳重而不失灵动；通体饰有七个形态各异的牛首兽面纹，雄浑华丽，展现了西周青铜器制造方面的高超工艺。此外，盖内及颈部内壁的铭文记载了燕侯赏赐贵族伯矩贝币的事件，不仅反映了西周的政治制度，还将北京的历史追溯至三千多年前，是北京建城史的重要见证。

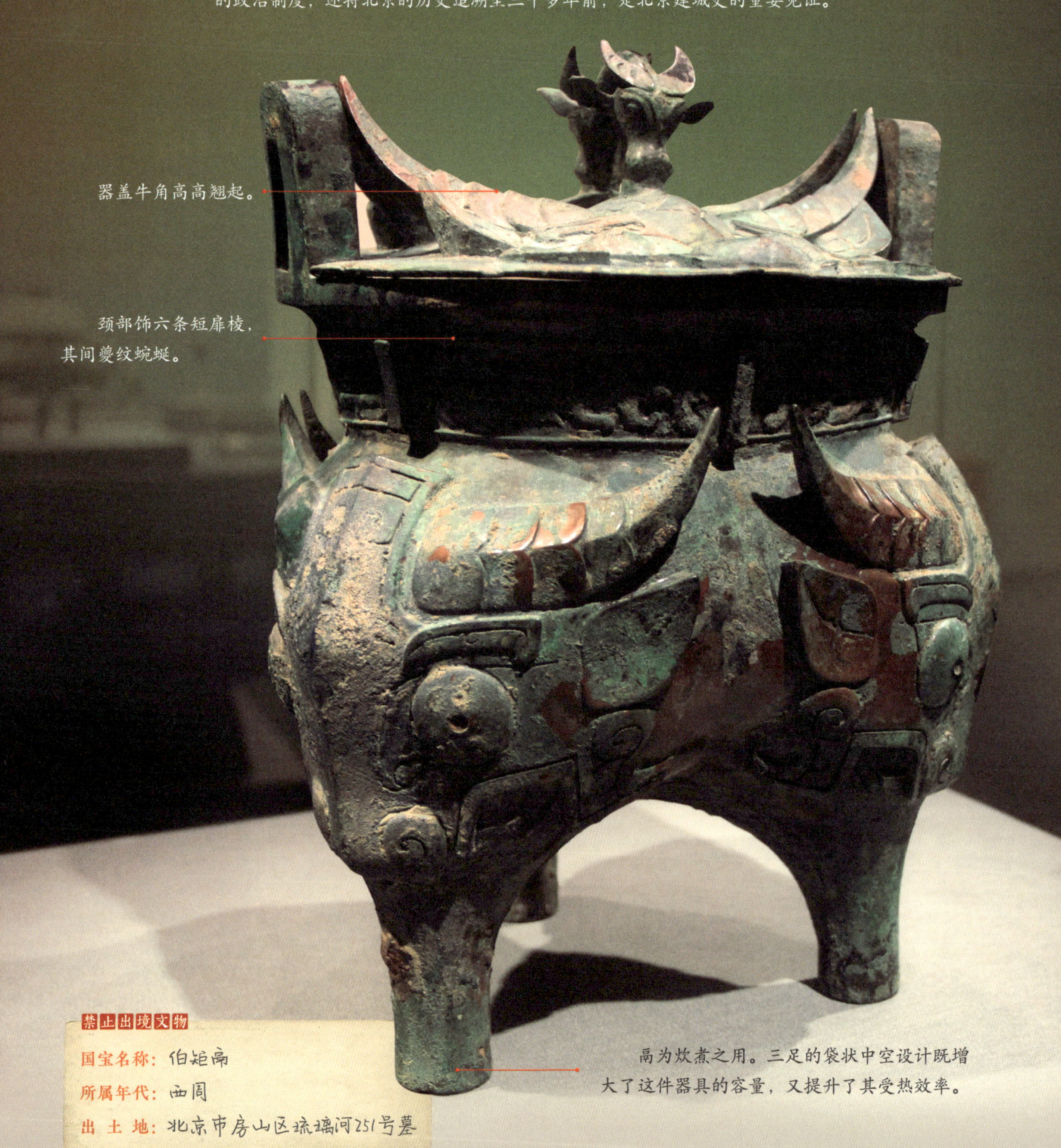

器盖牛角高高翘起。

颈部饰六条短扉棱，其间夔纹蜿蜒。

鬲为炊煮之用。三足的袋状中空设计既增大了这件器具的容量，又提升了其受热效率。

禁止出境文物

国宝名称：伯矩鬲

所属年代：西周

出土地：北京市房山区琉璃河251号墓

此青铜器盖顶匠心独运，盖钮由两个圆雕式相背的立体小牛首组成，牛首栩栩如生。只见牛角角端翘起，目光炯炯地望向前方，两耳张开，呈现活泼之态，生动传神。小牛首的嘴巴巧妙衔接于大牛首顶部，形成独特的视觉层次。

俯视图

盖面与袋足上的牛头采用高浮雕手法，牛角角端翘出器表，气势非凡。在商周祭祀仪式中，牛象征着最高等级的供奉，而牛首作为青铜器上常见的装饰元素，如此密集且气势磅礴地排列，实属罕见。

伯矩鬲全器装饰有七个牛首兽面纹，包括器盖、器钮和袋足部分。器盖饰有两个高浮雕牛头，盖钮由两个相背的立体小牛头组成，牛角翘起，形态生动。器身的三个袋足上各雕有一个完整的牛头，牛角粗壮，神态威严。整器纹饰繁复而精美，高浮雕与平雕技法结合，营造出一种雄奇威武的视觉效果，令人叹为观止。

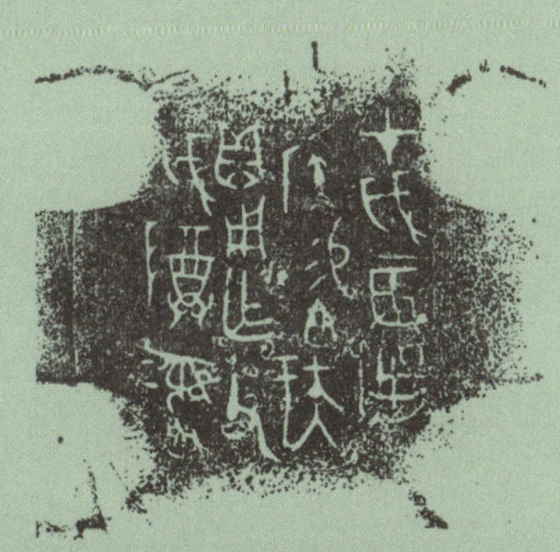

伯矩鬲铭文拓片

伯矩鬲的器盖内部与器身颈部的内壁均镌刻有十五字的铭文，其内容相同：“才（在）戊辰，匽侯赐伯矩贝，用作父戊尊彝。”大意为：燕侯于戊辰之日赐予贵族伯矩贝币，伯矩因此铸鬲以纪念其父。这简短的铭文如同穿越时空的信使，让我们得以窥见那个时代的礼仪制度与贵族生活。

景德镇窑青白釉水月观音菩萨像

这尊观音像面容端庄，脸颊饱满，双目微合，嘴角微扬，姿势优美。在青白色釉料的映衬下，观音面部更加温婉动人，充满了艺术感染力。

右臂垂于膝前，同时代同材质水月观音多为悬腕形态，悬臂制作难度高，造型更为优美。

国宝名称：	景德镇窑青白釉水月观音菩萨像
所属年代：	元
材　　质：	瓷

这尊景德镇窑青白釉水月观音菩萨像高67厘米，姿态优雅自然，呈现“观水中月”的姿势，故称“水月观音”。水月观音这一形象，由唐代画家周昉创造，后经宋代流传并逐渐世俗化，成为佛教艺术中极具代表性的本土化形象。

这件瑰宝的创作过程融合了模印、琢、捏塑等多种工艺手法，展现了匠人们超凡的技艺。不仅如此，青白釉瓷作为元代瓷器的代表，其独特的釉色与质感，更使这尊观音像增添了几分神秘与高贵。

这尊观音像面容祥和，额头饱满宽广，双目微闭，流露出无尽的慈悲与智慧，头戴的宝冠虽出土时有所残损，却不失庄严精致。其体态优雅，右腿微曲支起，左腿自然下垂，右臂悠然搭于右膝，左臂则轻置于身体左侧，气质超凡脱俗，令人心生敬仰。

宝冠为单独烧造，可取下。

耳坠上设计有镂空纹样。

菩萨像身着繁复华美的服饰，上身是双领下垂的袈裟，下身配以长裙，胸前及衣裙上装饰着精致的联珠璎珞，宝珠颗颗分明，彰显观音菩萨的华美高贵。

观音菩萨手腕上佩戴由宝珠组成的臂钏，臂钏完美地贴合于其手腕处，手部展现出健康丰韵的曲线，典雅十足。

景德镇窑青花凤首扁壶

国宝名称：景德镇窑青花凤首扁壶
所属年代：元
材　　质：瓷

这件文物高18.7厘米，口径4厘米，为元代景德镇窑所产的青花凤首扁壶。元代中期，青花瓷迎来其辉煌时期，大量烧制且工艺精湛，此器物便是元代的青花瓷精品。

此青花凤首扁壶的设计独出心裁，以昂起的凤首作为壶嘴，卷曲的凤尾作为把手，壶身上部绘有凤身，两侧延伸出双翅，栩栩如生。其制作工艺精湛，壶嘴为模制成型，把手则经由捏塑成型，再巧妙与壶身合为一体，展现了高超的陶瓷制造技艺。

壶身绘制的凤凰图案流畅地过渡到壶嘴的立体形态之中，二者的衔接浑然天成，几乎难以察觉转换的痕迹，展现了高超的艺术融合技巧与创新能力。

青花凤首扁壶的装饰艺术不局限于平面的绘画，巧妙地融入了创意性的立体表现方法。壶嘴的凤首塑造得栩栩如生，壶柄卷曲成凤尾状，壶体两侧上部绘有凤翼，下部则以缠枝花卉为饰，整体图案宛如一只凤凰在花海中翱翔。

小提示

目前，青花凤首扁壶存世仅两件。其中一件出土于北京，另一件于20世纪90年代在新疆维吾尔自治区伊犁霍城县阿力麻里古城附近出土。这两件青花凤首扁壶在大小、造型和纹饰上几乎一致，但壶身凤尾的样式有所不同：北京出土的为卷草纹，伊犁出土的为锯齿纹。专家推测，这两件扁壶可能代表一凤一鸾，寓意“鸾凤和鸣”。

青花凤首扁壶

（元，伊犁哈萨克自治州博物馆）

把手精妙地弯曲为凤凰长尾的形态。

壶嘴设计为一个优美高贵的凤首形态，用靛蓝釉料铺色，并绘制精美细节。匠人通过对釉料的精准运用，用细腻的线条与颜色的深浅对比，表现出凤首上飘逸的长羽与颈部细小的短羽，生动逼真，可谓匠心独运。

凤凰造型的下部为缠枝花卉纹样，用靛蓝釉料绘于壶身和底座，纹样线条细腻，运用色彩的渐变突出花卉和叶片的立体感。

景德镇窑青白釉戏剧舞台人物纹枕

元曲「留声枕」

国宝名称：景德镇窑青白釉戏剧舞台人物纹枕
所属年代：元
材　　质：瓷

这件景德镇窑青白釉戏剧舞台人物纹枕长32.5厘米，高15.8厘米，胎质纯净坚硬，釉色青白温润，给人以清新脱俗之感，体现了元代瓷器的精致与高雅。

此瓷枕的诞生，深刻根植于元代戏曲文化的繁荣之中。它不仅仅是一件寝具，更是元代戏曲风靡的社会风貌的生动缩影。瓷枕上，演员们正演绎着戏剧的精彩瞬间，映射了当时戏剧艺术的普及与兴盛。其雕刻工艺精湛，巧妙融合了建筑美学、舞台设计与瓷塑艺术的精髓，不仅展现了元代戏剧的独特魅力，也彰显了景德镇匠人超凡的制瓷技艺。

瓷枕各部分镂雕不同的图案、人物、场景。在图示此面的正中心，一名男子头戴冠帽，冠帽两侧飘带垂落，他微微俯身前倾，面向一名女子。女子则一只手轻搭在男子肩头，头微侧，仿佛正在与男子交谈。两人姿态生动，虽不知其台词，但凭借匠人细腻的雕刻，二人情深意切的场景跃然眼前，充满了戏剧感染力。

这件瓷枕雕镂成戏台形式，通过塑雕与镂雕的双重技法，将楼台亭阁、人物群像刻画得栩栩如生，每一处细节都透露出匠人的匠心独运。瓷枕上的戏剧舞台场景细腻入微，台上众角，男女老少，或动或静，或主或宾，各自沉浸在剧情之中，展现了极高的艺术表现力。

背面局部图

在瓷枕的另一面，雕刻着数位骑马前行的人物。其中，居于中央的两人细节精细，栩栩如生。两匹马侧身向前，马上的二人皆身着长袍，一人手捧花朵，另一人手握棍状物。人物五官清晰可辨，眉眼含笑，嘴角微扬，展现出充满喜感的戏剧画面。

瓷枕上部精雕细琢，似舞台帷幔般轻垂的镂空纹样精致繁复，如意纹样式的装饰呈现出细腻的编织质感，显现古雅之美。

侧面图

瓷枕底部围有一圈镂空栏杆，栏杆内各色人物表演于小小的舞台之上，观者可以欣赏到瓷枕每侧不同的戏剧场面。

琉璃三彩龙凤纹熏炉

龙凤呈祥的香雾仙境

这件琉璃三彩龙凤纹熏炉通高37厘米，口径22厘米，腹径19.1厘米，属于瑞兽形熏炉。这类瑞兽形熏炉巧妙融合实用、等级标识与艺术装饰等功能于一体，常被皇家用作彰显尊贵地位的陈设珍品。

此熏炉为陶胎，仿汉代博山炉式样。其造型大气磅礴，由炉盖和炉身两部分组成，炉盖与炉身契合紧密，颈部饰对称桥耳，腹下承三兽足，比例协调，整体给人一种庄重、华丽的感觉，有着皇家用具的典雅气息。

熏炉三兽足底部爪子盘起，彰显沉稳气势，其上纹饰繁复，刀法利索，纹路清晰，以浮雕的形式凸显立体感。

国宝名称：琉璃三彩龙凤纹熏炉
所属年代：元
出 土 地：北京市元大都遗址

这件熏炉的造型独具匠心，炉盖镂雕成层峦叠嶂的山峰，黄色蟠龙蜿蜒其间，既起到装饰作用又便于香气发散。炉身满饰浮雕花枝、云朵，飞凤和蟠龙在花丛中相互追逐，线条流畅灵动，腹下承三兽足，稳重而大气，使得熏炉兼具功用与观赏之效，充分体现了古代工匠的智慧。

这件熏炉仿汉代博山炉式样，炉身沉稳，采用了浮雕技法，所装饰的龙凤纹更是一种等级的体现，有力地反映封建社会的等级制度和皇家的威严。

炉身上的牡丹花朵硕大，颜色明艳鲜嫩，花瓣层叠摇曳，枝叶繁茂缠绕，与龙凤相互映衬，构成了一幅美轮美奂的画面。

熏炉腹部两侧分别雕刻龙纹、凤纹，一侧是昂首展翅的飞凤，另一侧是回头凝视的蟠龙，飞凤和蟠龙相互追逐在缠枝牡丹花丛中，整体纹饰繁复华丽。其笔法细腻，将龙凤的神韵刻画得入木三分，有力地显现了皇室的庄严肃穆。

背面图

器物小知识

博山炉知多少

“博山炉中沉香火，双烟一气凌紫霞。”博山炉那袅袅升腾的香烟，仿佛是连接尘世与仙境的纽带。接下来，就让我们去追寻那缕缥缈的香烟，探秘中国古代博山炉的奇妙世界。

错金铜博山炉（汉，河北博物院）

外观造型

博山炉主体多为豆形，上有高而尖的镂空盖，呈重叠山形，其上常雕有飞禽走兽，象征着海上仙山——博山。有的炉盖装饰云雾、朱雀、奔鹿等图案，生动逼真。炉柄大多修长，或为竹节状，或刻精美纹饰，炉座多为圆盘形，有的带三足，沉稳典雅，整体极具艺术想象力与浪漫色彩。

绿釉蟠龙博山炉（隋，陕西考古博物馆）

文化内涵

博山炉承载着丰富的文化内涵，其炉盖造型传达出人们对仙山的向往，蕴含追求长生不老、羽化登仙的美好愿望。它也是古代社会阶层与身份的象征，精致的博山炉多见于宫廷和贵族府邸中，彰显主人的尊贵地位与财力。同时，作为香文化的重要载体，它见证了古代香文化的发展繁荣，反映了当时的社会文化风貌与审美情趣，是中国传统文化的独特符号。

鎏金银竹节熏炉（汉，陕西历史博物馆）

功能用途

博山炉主要用于焚香。在古代宫廷、贵族和文人雅士的生活中，焚香是一种重要礼仪或生活情趣。祭祀时，点燃香料，通过香烟传达对祖先神灵的敬意与祈愿；日常起居中，它能净化空气，驱散异味，营造宜人环境，还能帮助人们舒缓身心，文人常伴着袅袅香烟吟诗作画、读书抚琴。

造型精妙的熏炉瑰宝

中国传统香文化的历史悠久，袅袅香烟萦绕千年，承载着无数文人墨客的情思与雅趣。而造型精妙的熏炉，作为这一文化的关键载体，宛如熠熠生辉的瑰宝，静静诉说着往昔的故事与岁月的风华。

拓展话题

邛窑黄绿釉高足瓷炉（晚唐至五代，成都博物馆）

邛窑黄绿釉高足瓷炉的炉身贴塑三重卷曲莲瓣，莲瓣上以模印工艺呈现出手持菩提枝的飞天形象。莲瓣错落有致，其上的绿釉于花瓣尖处自然积聚，从而形成深浅不一的色泽变化，灵动之美尽显。

冬青釉兔形香熏（明，故宫博物院）

冬青釉兔形香熏造型别具匠心，呈蜷卧之兔子形。兔首朝前，嘴巴轻启，双耳自然地垂落在背部，耳根部各有一处耳孔，其通体覆盖青釉，如美玉般莹润，整个香熏造型灵动活泼，尽显构思之巧妙。

镂空五彩香薰（清，台北故宫博物院）

镂空五彩香薰的器身分为三段，每段六格，共十八格，每格刻有夔龙纹，中段及盖子部分为镂空设计。通体以蓝、深绿、浅绿三色为主，格间以宽条花边纹装饰，整体风格雅致清新。

铜镀金嵌料瑞兽香薰（清，台北故宫博物院）

铜镀金嵌料瑞兽香薰造型为一独角瑞兽，体态健硕雄壮，四足强悍且踞地有力，双目圆睁，巨吻獠牙，肩部生有双翼。器表镶嵌红、白、蓝、绿各色料片，色彩斑斓，器体中空，香烟可从瑞兽的开口处飘出。

清乾隆款景德镇窑外粉彩内青花镂空花果纹六方套瓶

六方玲珑果香瓶

国宝名称：清乾隆款景德镇窑外粉彩内青花镂空花果纹六方套瓶
所属年代：清
材　　质：瓷

这件清乾隆款景德镇窑外粉彩内青花镂空花果纹六方套瓶高40.6厘米，口径11.4厘米，腹径21厘米，底径12.4厘米。

这件六方套瓶不仅代表着中国陶瓷工艺的巅峰水平，还承载着深厚的历史意义，见证了中国近代历史的沧桑与荣光。此瓶原为一对，均为清代圆明园旧藏，1860年被英法联军掠走，流落海外。2000年，北京市文物商店总店将其从香港的拍卖行购回，并捐赠给首都博物馆。

此套瓶烧制工艺极为复杂。制作时，要先制成内层青花，而外层粉彩因其构造呈方形，不同于传统圆形能一次拉坯成型，故须分为六次制作后再拼接在青花外面。而且，粉彩还须多次施釉加彩、入窑烧制，期间须保证镂空花果纹完好。如此复杂的工艺不仅体现了当时陶瓷技术的精湛，也赋予了这件套瓶极高的艺术价值。

这件套瓶整体呈六方形，分内外两层，内层细腻描绘青花，外层则施以绚丽粉彩，底部书有“大清乾隆年制”六字三行篆书款识。内外层形成独特的套瓶结构，通过精巧的镂空工艺呈现精妙的视觉效果，整体造型端庄典雅，尽显皇家气韵。

外层镂空粉彩花果纹绘有灵芝、佛手、桃、枇杷等瑞果，红色鲜艳夺目，绿色清新雅致，黄色明亮活泼，多种色彩相互映衬，将花卉、果实等图案描绘得栩栩如生，仿佛将生机盎然的果园浓缩于瓶身之上。透过镂空处，内层青花若隐若现，为整件器物增添了神秘而独特的美感。

瓶颈绘粉青地粉彩缠枝花卉和如意云头装饰带。

瓶身施紫金釉，绘黑彩与金彩缠枝花卉。

外层腹部六面各有一镂空粉彩花果纹开光，镂空处可见内层青花缠枝花卉纹饰。

普洱
毛尖
開市大吉
西洋油畫可定
肖像白描可定
各類緞面布鞋尺碼齊全

馆藏文物

金属器

陶瓷器

其他文物

金属器

METAL WARE

班簋

毛公东征的青铜记忆

国宝名称：班簋
所属年代：西周
材　　质：青铜

这件班簋高22.5厘米，口径25.7厘米。它曾为清宫所珍藏，但在八国联军侵华期间不幸流落民间。1972年，这件国宝被文物工作者意外发现，历经劫难后得以重见天日。经过精心修复，它再次焕发出往昔的光彩。

班簋的传奇之处，在于其内底铸的198字铭文，记载了西周时期周王命毛公征伐东国一事。这段铭文为研究西周历史提供了极为珍贵的史料，其文字本身规整优美，极具艺术价值。

班簋的造型独特罕见，四耳设计十分精妙，其上部饰象首状兽头，下接象鼻状长足，末端向内弯曲，巧妙地将簋身悬起，尽显古朴与灵动之美。

这件器物的主人毛班，在《穆天子传》中有所记载。基于此，这件班簋的所处时代一般被认为是穆王前期。不过，也有部分学者从不同的研究视角出发，主张其属于成王时期。

班簋侈口、圆腹、低圈足，四条象鼻足从环耳垂下，将簋身优雅悬起，别具一格，整体造型庄重又不失灵动。其纹饰遍布器身，颈部的弦纹与涡纹并列，简约中蕴含韵律；腹部的饕餮纹线条流畅且富有威严之感，通体彰显出西周青铜器大气雄浑、神秘威严的典型风格。

班簋的颈部装饰着简洁的弦纹，搭配灵动的涡纹，宛如岁月的河流泛起涟漪，为这件古老的器物增添了几分生动的韵律感。腹部则以阳线勾勒出四组饕餮纹，线条刚劲有力，纹饰威严庄重，彰显出古朴而神秘的青铜时代风貌。

班簋铭文拓片

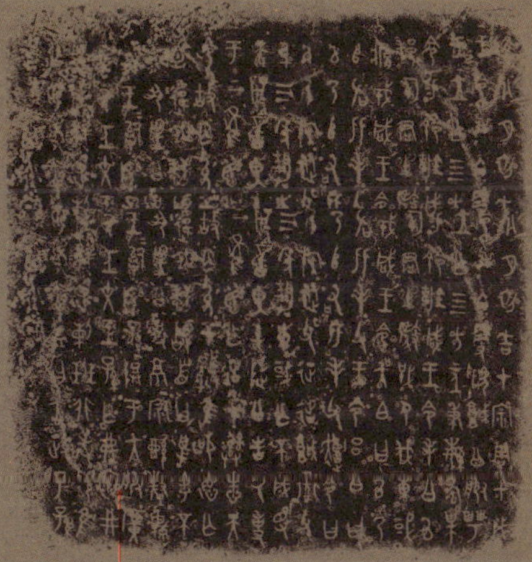

班簋内底刻有20行铭文，共198字。铭文大意为：某年八月，周王命毛伯为王朝执政大臣，以“毛公”身份辅佐王位，监管繁、蜀、巢三国，又命毛伯率军讨伐东国“戎”，吴伯、吕伯率队协助。三年后，毛伯班师回朝，告诫子孙毛班要吸取东国灭亡的教训，敬德爱民。毛班为纪念此事，制造了此簋，故后人称其为“班簋”。

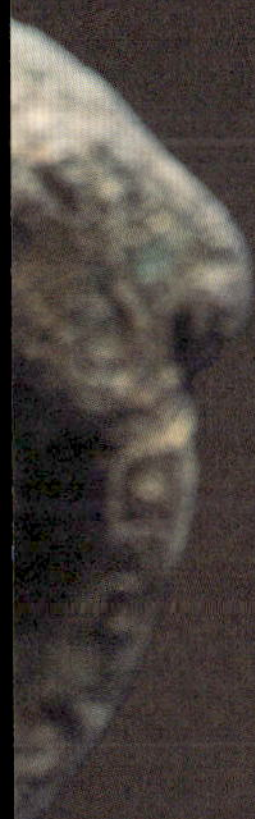

俯视图

契丹贵族的永眠之饰

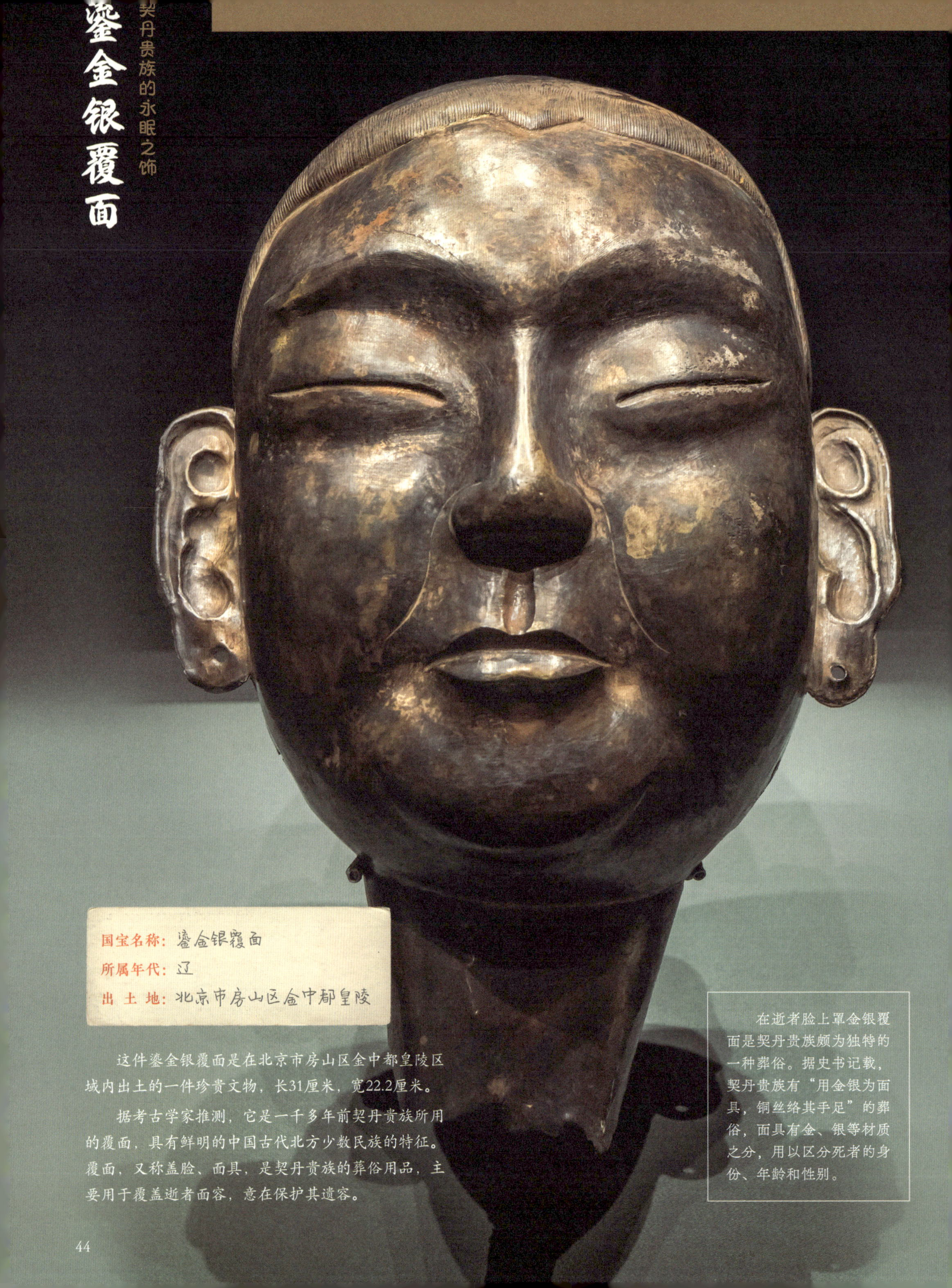

国宝名称：鎏金银覆面
所属年代：辽
出 土 地：北京市房山区金中都皇陵

这件鎏金银覆面是在北京市房山区金中都皇陵区域内出土的一件珍贵文物，长31厘米，宽22.2厘米。

据考古学家推测，它是一千多年前契丹贵族所用的覆面，具有鲜明的中国古代北方少数民族的特征。覆面，又称盖脸、面具，是契丹贵族的葬俗用品，主要用于覆盖逝者面容，意在保护其遗容。

在逝者脸上罩金银覆面是契丹贵族颇为独特的一种葬俗。据史书记载，契丹贵族有“用金银为面具，铜丝络其手足”的葬俗，面具有金、银等材质之分，用以区分死者的身份、年龄和性别。

这件鎏金银覆面以银片精心锤錾成型，表面施以精湛的鎏金工艺，尽显贵族的华贵与精致。此器保存完整，面部轮廓流畅自然，线条勾勒细腻精准，双目闭合，双唇紧闭，神态上呈现出一种超凡的安详与宁静，仿佛在无声地诉说着千年前的故事。

覆面上部的头发被精心雕琢，向后梳拢，发丝根根分明，清晰可见。契丹人素有髡发习俗，即将头顶部分的头发剃光，只在两鬓或前额部分留少量余发作装饰。这种独特的发型在这件覆面上得以精准呈现，其额前蓄留一排短发，体现了契丹族的鲜明特。

覆面的面部刻画彰显出匠人的精湛技艺。其面部轮廓清晰分明，眉骨突出，双目轻合，眼尾微微上扬，鼻梁挺直，线条流畅。整体神态宁静而安详，仿佛一位沉睡的贵族，静谧中透出庄严。整件覆面生动地勾勒出千年前贵族的仪态与风姿。

侧面图

覆面的双耳耳垂处及下颌两侧均设有小孔，这些孔洞用于穿系绳带，以便将其固定在逝者面部。这种设计不仅彰显了其作为葬具的实用性，也侧面体现了契丹贵族葬俗的独特性。

錾花人物楼阁图八方盘

八方世界中的仙缘戏梦

盘心上端斜倚着一株松树，其松叶繁茂，枝条苍劲有力，与桥边轻拂水面的柔柳形成鲜明对比，刚柔并济，美不胜收。

楼阁重檐则采用极为严谨的线条勾勒，可以看出工匠的一丝不苟。

二方连续的几何图案，简洁而富有韵律，形成了一种独特的视觉节奏。

国宝名称：錾花人物楼阁图八方盘

所属年代：明

出 土 地：北京市右安门外万贵墓

这件錾花人物楼阁图八方盘高0.9厘米，盘径16.2厘米，边长6.6厘米。盘体呈八边形，其制作始于模具铸造，成型后再以精细的錾刻工艺雕琢纹饰。

此盘的折沿处环绕着连续而富有韵律的几何图案，盘心的纹饰展现了一幕幕生动的人物故事图景。相较于常见的圆形盘，此类金银材质的八方盘实属罕见，其形制设计不仅增强了视觉上的平衡感与舒适度，更彰显了工匠对边角处理的精湛技艺。

这件金盘图案繁复多样，描绘了人物、楼阁、树木、水波、桥梁、骏马及山石等元素，其中人物与楼阁尤为醒目，共细腻刻画了二十一位人物，他们或策马奔腾，或怀抱古琴，或交谈甚欢，或对坐畅饮，姿态各异，人们錾刻手法自然流畅，似信笔而为，却又饱含神韵。

据考证，金盘上这一处纹饰的灵感应是源于元杂剧的经典之作——马致远的《吕洞宾三醉岳阳楼》。此剧是神仙道化剧，取材于吕洞宾三到岳阳楼，度柳树精成仙的民间传说。那位身负长剑、脚踏祥云的仙人形象，正是吕洞宾，他飘逸出尘，仿佛随时准备施展仙术，普度众生。

整个画面以楼阁、水波、桥梁为界，自然地将空间划分为上下两层。下层留白较多，以人物为主要图案：主人策马疾驰，侍者携琴担物，路人或低语交谈，或扶栏远眺。整体画面动静结合，将中国传统绘画所追求的工整写实与造型精准以錾刻手法再现在金器上。

海水江崖瑞兽纹金盏托

国宝名称：海水江崖瑞兽纹金盏托
所属年代：明
出土地：北京市右安门外万贵墓

狮

马

这件海水江崖瑞兽纹金盏托高1.2厘米，直径18.2厘米，呈圆形，中央凹陷，用以放置金盏，四周以半浮雕的形式錾刻纹饰。

该盘设计巧妙，工艺精湛，纹饰立体生动，触感细腻，主要为海水江崖和瑞兽图案，象征着江山社稷稳固永恒、坚不可摧、长治久安。海水波涛汹涌，江崖险峻雄伟，瑞兽形态生动，体现出匠人精细的錾刻工艺。

这件金盏托色泽华贵，造型精美。托盘之中，以海水江崖纹和瑞兽纹为主题图案，錾刻工艺极为精湛。波涛翻涌咆哮，江崖拔地而起，二者相互映衬，营造出强烈的立体感。波涛之间，瑞兽姿态各异，或昂首前行，或回首凝望，其毛发根根分明、鳞片细腻精致，生动展现出祥瑞之象。

象

鱼

龙

盘心的凹陷处，精心錾刻有一双钩篆书“寿”字。其笔画粗细均匀、线条流畅，尽显古朴典雅之韵。这一“寿”字饱含深意，在岁月流转间，传递着古人对长寿和幸福的美好追求。

在海水江崖的纹饰之中雕刻有若隐若现的马、龙、狮、象、鱼等瑞兽图案。这些瑞兽形态各异，或腾云驾雾，或戏水逐浪，充满了神秘与祥瑞的气息。瑞兽在中国古代被视为吉祥的象征，它们不仅增添了金盏托的艺术魅力，也寄托着人们对吉祥如意和国泰民安的祈愿。

海水江崖纹

缠枝莲飞凤纹透腿铜镜

国宝名称：缠枝莲飞凤纹透腿铜镜
所属年代：唐
材　　质：铜

这件缠枝莲飞凤纹透腿铜镜直径23厘米，厚1.5厘米，镜体厚实，整体呈八出菱花形，中央设有一枚圆钮。镜背纹饰繁复精美，凤鸟与莲枝相互映衬，整体风格柔美自然。

尤为罕见的是，凤鸟的腿部采用透雕工艺，腿部与镜背之间形成镂空缝隙，这种独特的设计不仅展现了唐代工匠的高超技艺，更使这件文物成为唐镜中的珍品，堪称唐代铜镜艺术的典范。

镜背整体纹饰富丽华美，主纹为缠枝莲花纹，于枝蔓缠绕的莲花间点缀四只形象婀娜的凤鸟，它们均匀地分布于镜背的四个方位，与莲花相互呼应，呈现出精妙的对称美。边缘以流云纹装点，线条灵动飘逸，与主纹的繁复华丽相互映衬，尽显唐代工艺的精妙与雅致。

镜背的主纹为缠枝莲花纹，以流畅的枝蔓和饱满的莲花为特色，枝蔓蜿蜒盘绕、流畅自然，以优美的弧度肆意舒展；莲花于枝蔓间悄然绽放，花瓣层层叠叠，为整幅画面赋予了鲜活的生命力。整体纹饰展现出一种自然与艺术生动交融的美感。

镜背边缘以流云纹精心装饰，线条流畅飘逸，宛如一条轻盈的飘带萦绕铜镜周边，与主纹中灵动的缠枝莲纹和翩然的凤鸟纹相得益彰，为铜镜整体增添了几分柔美与自然之韵。

透雕的凤腿

在缠绕的枝蔓与盛开的莲花之间，四只凤鸟翩然栖息。它们口衔花枝，单腿轻立于莲花之上，扬起尾羽，尽显灵动与华贵。尤为精妙的是，凤鸟腿部采用了透雕工艺，即在腿部与镜背之间形成镂空缝隙，这种工艺复杂而精细，充分展现了唐代铜镜制作的高超技艺。

器物小知识

古代铜镜上的精美纹饰

古代铜镜形状不一，但都承载着岁月的痕迹和古人的巧思。镜背上不同的精美纹饰宛如一幅幅神秘的画卷，诉说着往昔的故事。

四神博局纹镜（汉，台北故宫博物院）

四神博局纹

四神博局纹是汉代铜镜上常见的纹饰。四神即青龙、白虎、朱雀、玄武，分别象征东、西、南、北四个方位，为当时人们崇拜的神灵。博局纹则由一些几何形符号组成，象征着汉代人对天地四方架构以及宇宙秩序的认知。这种纹饰不仅仅是一种装饰，更深刻地体现了汉代人对天地宇宙的理解，彰显出当时社会的宗教信仰和审美追求。

铜宝相花纹菱口镜（唐，北京市文物交流中心）

宝相花纹

宝相花纹是唐代铜镜上极具代表性的纹饰。这种花卉图案融合了莲花、牡丹、菊花等多种花卉元素，象征着吉祥、富足与昌盛。其设计通常以层层环绕的花瓣为核心，中心部位常见莲蓬或花蕊，周围搭配祥云、卷草等装饰，整体风格华丽繁复。

海兽葡萄纹

海兽葡萄纹是唐代铜镜的另一经典纹饰，以葡萄藤蔓为主，其间常点缀有瑞兽、飞鸟、蝴蝶等图案，象征着丰收与繁荣。葡萄作为从西域传入的植物，其藤蔓缠绕、果实累累的形态，寓意多子多福和繁荣昌盛。瑞兽的加入则增添了神秘色彩，使整个铜镜的画面充满生机与活力。

铜海兽葡萄纹方镜（清，北京市文物交流中心）

古人的梳妆台好物

拓展话题

在古代，梳妆台上的物件不仅被用于日常整理仪容，更展现了古人的生活美学与文化品味。除了铜镜，古人的梳妆台上还有多种精致的物件，每一种都蕴含着独特的工艺和深厚的文化内涵，共同构成了古代的梳妆文化。

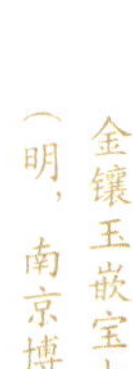

金镶玉嵌宝木梳篦（明，南京博物院）

材质多元的梳子

古代梳子造型多样，材质丰富。较为常见的为木质梳子，多选用质地坚硬且散发淡雅香气的檀木、桃木等优质木材，梳背上常雕刻花鸟鱼虫图案，有时还镶金玉、嵌珠宝，彰显使用者的独特品味与高贵身份。

白玻璃粉彩镜盖粉盒（清，沈阳故宫博物院）

玉群兽镜台（清，台北故宫博物院）

制作精巧的粉盒

粉盒是古代存放胭脂、香粉等的容器，其材质多样，包括陶瓷、金属、玻璃等。其中，白玻璃粉盒以其独特的材质和精美的工艺备受青睐，其表面莹润光滑，常饰有粉彩、描金等图案，体现了古代工匠的高超技艺和审美情趣。

造型典雅的镜台

镜台为放置铜镜的支架，造型多样，有圆形、方形、多边形等。材质多为青铜、木或玉石，表面常饰以云纹、瑞兽纹等精美图案，既可支撑铜镜，又增添了梳妆台的装饰性。有的镜台还配有抽屉或小格子，用来存放梳子、粉盒等，尽显古人对精致生活的细节追求。

铜坐龙

踞坐龙尊

国宝名称：铜坐龙
所属年代：金
出 土 地：北京市房山区金陵遗址

这尊铜坐龙造型奇特，构思巧妙。"坐龙"之称，最早见于宋金时期的文献，后逐渐演变为"蹲龙"，为踞坐状龙的统称。目前发现的金代铜坐龙均出土于金代都城、皇陵或皇家行宫，体现出其应具有作为皇家御用饰物的特殊地位。

龙首微微昂起，毛发向后掠去，线条流畅自然，仿佛在风中轻轻飘动，展现出一种灵动而飘逸的美感。龙眼圆睁，目光如炬，仿佛能洞察世间万物，透露出一种威严和神秘的气息。

龙前腿直立，弓身踞坐，肌肉线条若隐若现，整体姿态昂扬而威严，展现出一种内敛的力量感。双股尾盘绕上翘，根部卷曲如祥云，不仅增强了造型的灵动感，还赋予了整体一种飞扬的神韵。

这件铜坐龙除了具备龙的基本特征外，还融合了多种动物的元素，如犬身、麒麟背、狮子尾等。它坐姿端正，气宇轩昂，霸气中透出一丝优雅，展现出一种悠然自得、睥睨天下的神韵，体现了与中原龙不同的独特审美趣味。

小提示

黑龙江省哈尔滨市阿城区作为金朝旧都上京会宁府，是金朝发祥地，也出土了金代铜坐龙。这尊铜坐龙高19.6厘米，重2.1千克，其造型也融合了龙、麒麟、狮、犬等多种动物的特点。龙首昂起，张口似在吟啸，肩部前弓，左前腿抬起，爪踏祥云，龙尾上翘并向外卷曲。整体形象既威严又不失优雅。

金代铜坐龙（金，黑龙江省博物馆）

与中原汉民族传统雕龙通体布满鳞片的特征不同，这尊金代铜坐龙身上并未雕刻鳞片，展现了女真族对龙形象的独特诠释。这种设计既保留了传统龙文化的核心元素，又融入了女真族自身的审美理念。

背面图

陶瓷器

CERAMICWARE

景德镇窑青花鸳鸯戏水玉壶春瓶

这件景德镇窑青花鸳鸯戏水玉壶春瓶高29厘米，口径8厘米，底径9.3厘米，采用了标准的玉壶春瓶形式，是元代青花瓷瓶器中比较经典的器型。

此瓶整体造型修长优美，风格典雅大方，瓶颈纤长而挺拔，瓶身线条从颈部向下过渡自然流畅，呈现出一种柔和的弧度，极具优雅感。纹饰绘制采用国产青料，色调淡雅，运笔流畅，细腻精细。瓶身从上至下绘有多层纹饰，充分展现了元代瓷器的独特魅力。

颈部设计独特，细长且中央微微收束，使整件器物显得优雅挺拔。瓶口采用撇口造型，口沿薄且锐利，与瓶身的厚重感形成鲜明对比。

瓶身自颈部向下逐渐加宽，过渡为杏圆状的圆润腹部，这种造型不仅提升了器物的容量，更展现出柔和的曲线美，使整器端庄而不失灵动。

国宝名称：景德镇窑青花鸳鸯戏水玉壶春瓶
所属年代：元
材　　质：瓷

这件玉壶春瓶的瓶体胎质洁白细腻，釉色温润如脂，青花色调淡雅。在光线的映照下，显得格外晶莹。其主题图案为青花鸳鸯戏水图，鸳鸯灵动鲜活，水草摇曳其间，蓝白相映，彰显了当时景德镇制瓷工艺的高超水平。

玉壶春瓶采用国产青料进行绘画，其青花色泽淡雅清秀，线条精细而稳定，不易晕散，展现出一种细腻而典雅的美感，给人以清新明快的视觉感受。

小提示

作为中国瓷器中的经典器型，玉壶春瓶的造型灵感来源于唐代寺院中的净水瓶，基本形制为撇口、细颈、圆腹和圈足，整体轮廓由左右两个对称的"S"形构成，线条优美柔和。瓶身通常施以瓷釉，绘精美纹饰，在不同时期，玉壶春瓶的造型和装饰风格有所不同。

瓶体纹饰设计精美且富有层次感。口沿内侧绘有如意云头纹，象征着吉祥如意；颈部装饰着缠枝花卉纹，显得清新自然；颈腹间环绕一周几何纹，为器物增添了层次感；腹部的主题纹饰是鸳鸯戏水图案，鸳鸯在莲池中游弋嬉戏，寓意美好与幸福；主题纹饰的下方绘有卷草纹和变形莲瓣纹，足壁则采用重叠覆莲纹的设计。整体纹饰布局和谐有序，韵律感十足。

磁州窑白地黑花龙凤纹四系扁壶

国宝名称：磁州窑白地黑花龙凤纹四系扁壶
所属年代：元
出 土 地：北京市东城区安定门外元大都遗址

这件磁州窑白地黑花龙凤纹四系扁壶高33厘米，口径6.5厘米，造型和装饰纹样融合了中原文化和草原文化的元素，是民族融合的产物。

四系扁壶作为元代新创器型，风格古拙朴实、遒劲雄浑，体现了元代人崇尚豪放、质朴的特点。这件扁壶的造型简洁大方，装饰纹样生动活泼，符合元代人的审美标准。同时，白地黑花的装饰技法也体现了元代人对色彩对比的追求，这种强烈的视觉效果能够给人带来深刻的印象。

扁壶壶身以黑彩绘有龙凤纹，龙纹形态矫健威严，龙蜿蜒舞动，祥云环绕，似畅游于九天云霄，整体刻画得栩栩如生，一种雄浑的气魄扑面而来。

此壶的整体形状呈扁圆形，这种形状便于携带和使用，尤其是在游牧民族的生活中，非常适合挂在马背上或者放置在行囊里。扁壶两侧各有两个系，共四个系，这是游牧民族器物的常见设计，方便在马背上携带时进行系挂和固定，具有很强的实用性。

这件扁壶的壶身以黑彩绘有龙凤纹，扁壶上侧有四个系，可用于穿绳固定，具有装饰性与实用性。壶身通体运用磁州窑最具代表性的白地黑花装饰技法绘制图案，搭配具有北方游牧民族特色的扁壶造型，给人一种雄浑大气的感觉。

背面图

凤纹则展现出优雅与灵动的特质。凤姿态优美，凤羽舒展，展翅欲飞，彰显出凤的高贵和美丽。凤的周围同样环绕祥云，极具动感。

元代磁州窑以白地黑花的釉下彩绘为特色，巧妙地将中国绘画与书法艺术融入瓷器制作，笔触肆意洒脱，风格自由奔放，展现出浓郁的民间艺术风格。此壶壶身的黑白彩绘对比强烈，线条流畅自如，粗细、疏密变化得当，龙的鳞片、凤的羽毛等都描绘得细致入微。

青花红彩鱼藻纹盖罐

红鱼游弋池塘间

国宝名称：青花红彩鱼藻纹盖罐

所属年代：明

材　　质：瓷

这件青花红彩鱼藻纹盖罐高42厘米，口径22.5厘米。盖罐为明嘉靖时朝瓷器的常见器型之一，样式繁多，大型器可高达70余厘米。青花红彩是釉下青花和釉上红彩相结合的瓷器装饰技法。在嘉靖青花红彩器中，这样的鱼藻纹盖罐十分罕见。

此器物造型规整，分为罐盖和罐身两部分，器表白釉地上纹饰密集，绘有池塘游鱼纹，色彩悦目，繁复瑰丽，这种纹饰在嘉靖时期较为流行，寓意“金玉满堂”。它不仅是明代嘉靖时期高超制瓷工艺的绝佳例证，更因其独特的艺术风格和珍稀性，成为研究明代社会文化审美取向的重要实物资料。

罐身直口，短颈，丰肩，硕腹，腹壁渐收至底；其颈、肩和近足部位分别以青花绘卷草纹、双层蕉叶纹和双勾变形莲瓣纹。

此器底釉色泽莹润、白中泛青，其上绘有红色游鱼、青花水生植物与各式辅纹，红鱼与池塘的莲花和水藻相映成趣，整器色彩明丽和素雅兼具，艺术风格独特。其中，游鱼堪称整器纹饰的点睛之笔，矾红彩和青花色彩对比强烈，令纹饰更显生机勃勃、张力十足。

罐盖顶面近似球面，盖顶中央为绘青花莲瓣纹的宝珠形钮，盖沿口径大于罐身口径。

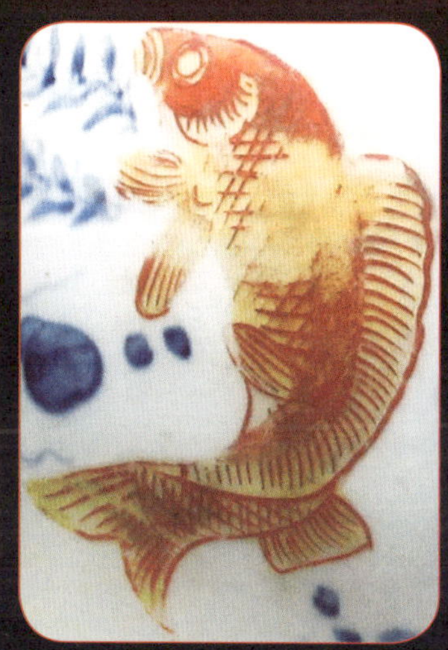

此罐的罐盖和罐身装饰着以矾红、黄彩绘制的十二尾游鱼于以青花绘制的长满莲花和水藻的池塘中自在嬉戏。工匠绘制游鱼时以黄彩为底，矾红彩平涂于黄彩之上，勾画出鱼儿的轮廓和鳃、鳞等细节，以黑彩点睛，令游鱼身体上的颜色和谐共存，远观其整体呈桔红色，形体肥腴，姿态生动，各具神采。

各水生植物以双勾填色法绘制，画面浓淡得宜，清丽怡人。部分水生植物根部还绘有多条波纹，以增强动感，使植物仿佛于微风中轻轻摇曳。

三彩马

华裳良骏

这匹马伫立于长方形的扁平托板之上，腿部肌肉刻画写实，马头微微左偏且略向下垂，似是工匠捕捉到了骏马这瞬间的灵动姿态，使得其显得格外自然且栩栩如生。

马背配以鞍鞯，马鞍为后桥倾斜式设计，上挂马镫，下衬障泥。马尾则被精心束起，整齐而优雅。尽管马鞍和障泥未施釉彩，但其立体感十足，装饰精美华丽，彰显了主人的高贵身份。

国宝名称：三彩马

所属年代：唐

材　　质：陶

这匹三彩马高54厘米，长50厘米。其色彩绚丽，造型栩栩如生，姿态矫健，装饰精美。

三彩马的整体造型展现了唐代三彩马的经典特征：头部小巧，颈部修长，体格壮硕，肌肉饱满，臀部浑圆，腿部强健有力，呈现出一种质朴的美感。此马的形象不仅反映了唐代对良马的偏爱，也彰显了唐代陶塑艺术的精湛技艺。

三彩马的色彩搭配绚丽而和谐，富有视觉美感。马身呈枣红色，色泽鲜艳明快。鬃毛以绿彩装饰，自然垂落于颈侧，灵动又清新。此外，马的鞍具及饰物繁复精美，施绿、褐色釉，与枣红色的马身相互映衬，给人以华丽而庄重的视觉感受。

当卢

络头

镳、衔

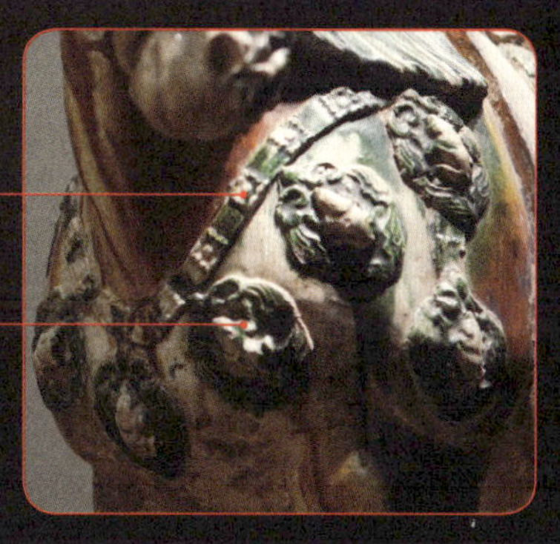

攀胸

杏叶

这匹马的装饰精美华丽，鞍具一应俱全，尽显非凡气韵。马首戴着精致的当卢、络头，口中勒衔，两侧配镳，颈部系着攀胸，缀以杏叶。

三彩马身上繁复的装饰不仅为作品本身增添了艺术美感，更反映出唐代贵族生活的奢华与雅致，让人仿佛窥见那个时代的辉煌与富足。

天蓝釉贴花兽面纹连座双耳瓶

五兽驮负宝瓶

瓶身通体施天蓝色釉，釉面肥厚温润，其上散布着不规则的紫红、蓝褐紫斑，这些彩斑在天蓝釉的映衬下，如天空中的云霞般绚丽多彩，为这件器物增添了几分神秘气息。

国宝名称：天蓝釉贴花兽面纹连座双耳瓶
所属年代：元
材　　质：北京市新街口豁口后桃园元大都遗址
馆 藏 地：首都博物馆东馆
（北京大运河博物馆）

这件天蓝釉贴花兽面纹连座双耳瓶为元代钧窑瓷器的代表作，其高63.8厘米，口径15厘米，底径17.5厘米。

此瓶造型别具一格，由上下两部分构成，上部为瓶，下部为座，瓶、座相连后呈现出“五兽驮负宝瓶”的独特造型。瓶身施天蓝釉，天蓝釉为钧窑的典型釉色之一，色调温润而深沉，这种釉色的烧制具有极高的工艺难度。整件器物充分展现了元代瓷器的雄浑大气与精湛工艺。

天蓝釉贴花兽面纹连座双耳瓶的瓶身与底座连为一体，底座呈镂空设计，以五只攒尾兽组成间柱，它们仿佛在奋力托举宝瓶，腹部有两处雕贴虎头铺首衔环，虎头的神态细节刻画精致，透露出一种庄重而神秘的威严之感。

口沿呈翻卷的五瓣花形，颈部细长，颈肩之间饰对称的摩羯形双耳，线条流畅而富有动感。口部和颈部的设计吸收了宋、金时期流行的花口瓶造型，使得整件器物在高大中透出灵巧，在庄重中显出秀美。

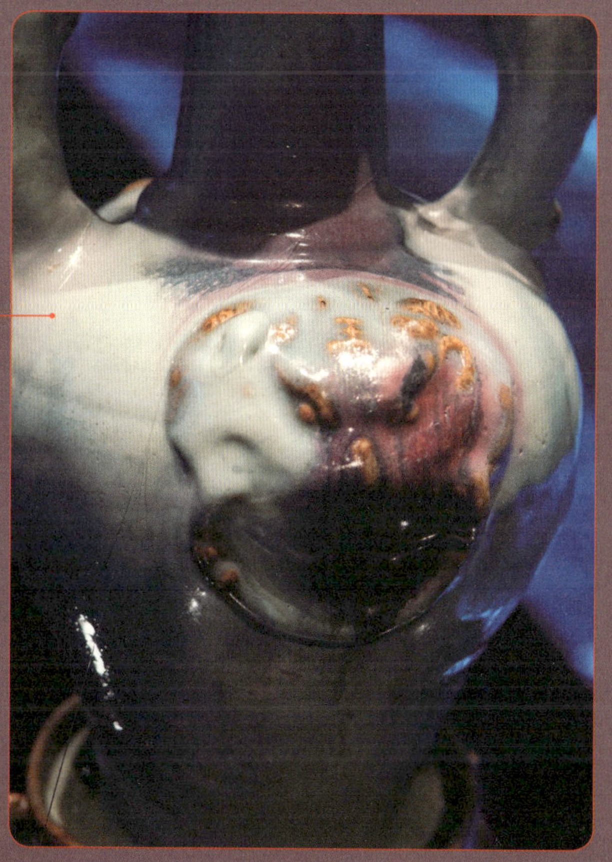

腹部前后两面雕贴虎头铺首衔环，虎面威严，双目圆睁、獠牙外露，细节刻画入微。虎额上以黄釉饰以“王”字，尽显威严，使整件器物在庄重之中透露出一种不可侵犯的神圣感，堪称点睛之笔。

瓶座采用镂空设计，由五只攒尾兽构成五壶门间柱，每门上端各有一力士，呈现出一种庄重而雄浑的力量感。这种设计不仅赋予了器物一种灵动感，更通过力士与攒尾兽的巧妙组合，展现出元代工匠对力量感与美感的独特诠释。

双耳瓶之雅韵

拓展话题

在中国古代器物中，双耳瓶以其独特的造型与精湛的工艺，成为艺术性与实用性完美结合的典范。它们或端庄典雅，或灵动飘逸，瓶身两侧的双耳不仅具有实用功能，更赋予器物一种平衡与和谐之美。

碧玺双耳瓶呈迷人的粉红色，色彩梦幻，质地半透明，于光线下泛着柔和光晕。瓶身呈扁圆形，颈部两侧精雕出造型别致的双耳，腹部采用细腻浮雕工艺呈现出折枝花卉的婀娜姿态，两侧各有一只夔龙盘踞，为整器添了几分神秘和威严。

碧玺双耳瓶（清，台北故宫博物院）

玉镂空牡丹花双耳瓶
（清，台北故宫博物院）

此玉镂空牡丹花双耳瓶线条柔美自然，瓶口边缘圆润微凸，瓶颈修长，两侧双耳造型别致。瓶腹饱满鼓出，下承圈足。瓶身颈、腹处，以镂空工艺雕琢牡丹与枝叶，花卉盛放，枝叶舒展。整件器物风格古朴简约，玲珑雅致。

此炉钧釉双耳瓶瓶口作唇口样式，瓶颈修长，两侧有一对云形耳轻盈附于其上。折肩处转折利落，腹部下敛，收于外撇的圈足，端庄中透着灵动。靛蓝、紫韵、月白等色彩于釉面深浅交融，整器釉色美观，给人一种梦幻感。

炉钧釉双耳瓶
（清，台北故宫博物院）

五光十色的瓷器釉彩

在中国古代陶瓷的浩渺宇宙中，五彩斑斓的釉色犹如绚烂的烟火，绽放出无尽的光彩。从清新的绿到质朴的茶叶末，从深邃的蓝到娇艳的黄，每一种釉色都承载着匠人的巧思与岁月的沉淀，诉说着古老文明的辉煌与诗意。

松石绿釉凸刻夔凤牡丹纹梅瓶
（清，故宫博物院）

松石绿釉，宛如春日初绽的嫩叶，清新而雅致。这种釉以铜为着色剂，烧制出淡雅的绿色，因如绿松石般温润而得名。此件梅瓶造型规整，釉色纯正，釉面凸刻夔凤牡丹纹饰，新颖别致，寓意吉祥。

蓝釉白花果纹盘
（明，故宫博物院）

蓝釉，深邃如海，神秘如夜空。它以氧化钴料为主要着色剂，烧制出如宝石蓝的色彩。此盘以花果纹为装饰，在不施蓝釉的地方施以白釉，形成蓝地白花的独特艺术效果。

茶叶末釉，质朴沉稳，其釉色独特，是我国古代结晶釉品种之一，因釉中密布氧化铁和氧化镁结晶形成的黄、绿晶点，宛如茶叶细末而得名。该瓶呈葫芦状，两侧设有对称绶带耳，通体施茶叶末釉。

茶叶末釉绶带耳葫芦瓶
（清，故宫博物院）

黄釉，娇艳明亮，以铁或锑等为着色剂，色泽鲜艳而温暖，常象征着皇权与尊贵。这件蒜头瓶的造型源自汉代青铜蒜头壶，其器表施低温黄釉，呈明黄色。

黄釉蒜头瓶
（清，故宫博物院）

景德镇窑青花御窑厂图圆瓷板

景德镇御窑厂的『定格照』

国宝名称：景德镇窑青花御窑厂图圆瓷板
所属年代：清
材　　质：瓷

西侧的昌江是景德镇重要的交通航道，御瓷经昌江至饶州府河装卸，经鄱阳湖、长江，在扬州转京杭大运河直达京师。

山门左侧，有承担地方治理职能的浮梁县衙，与之相邻的是监管窑务的“景德司”，把控瓷器生产事务。

这件景德镇窑青花御窑厂图圆瓷板呈圆形，直径72.5厘米。瓷板采用青花料绘制，以景德镇珠山御窑厂建筑群为中心，运用中国传统绘画的平远法，以鸟瞰图的形式呈现出景德镇御窑厂及其周边的街市风貌。

此圆瓷板的画面构图严谨，笔法流畅，具有很强的写实性，不仅是对御窑厂建筑整体布局的描绘，更是对明清时期御瓷运输中有水路和陆路两种方式的体现，生动地展现了清代景德镇的社会风情和生活状况。

此圆瓷板烧制工艺精湛，青花发色稳定，图中细节刻画入微，将御窑厂及其周边街市巧妙地浓缩于圆形画面之中。御窑厂西侧是奔流不息的昌江，江上船只穿梭往来，运输繁忙，泊岸处桅杆林立，呈现出“舟帆日日蔽江来”的繁荣景象。

厂内有仪门，东西两侧跨院为制瓷作坊，负责拉坯、画坯、施釉、吹釉、彩画、烧窑等工序。仪门前可见“看相”“茶局”“赛会”等招牌。

御窑厂建筑群外围环绕着民窑和里弄，其间各类店铺、摊贩、戏台星罗棋布。在御窑厂右侧，一座大戏台的影壁正中题着“指日高升”四字。

画面底部是御窑厂的山门，门楣高挂“御窑厂”匾额，门外悬有“宪奉御窑厂头门”的旗帜。在山门与仪门之间，还坐落着关帝庙和火神庙。

古画中的景德镇窑制瓷“纪录片”

景德镇窑，是中国陶瓷史上的一座丰碑，以其精湛的技艺和独特的风格，孕育出无数精美绝伦的瓷器。在台北故宫博物院所藏的《陶瓷谱》图册中，景德镇窑制瓷工序的具体场景跃然纸上，生动地展现了古代工匠的智慧与匠心。

取土

取土于安徽祁门、江西乐平和浮梁等地，这些地方所产白壤质地各异，或坚或软，皆为制瓷之宝。

淘泥

泥料多含渣滓，需先淘净。工匠们反复淘洗，去除杂质，使泥料纯净细腻，为后续工序奠定基础。

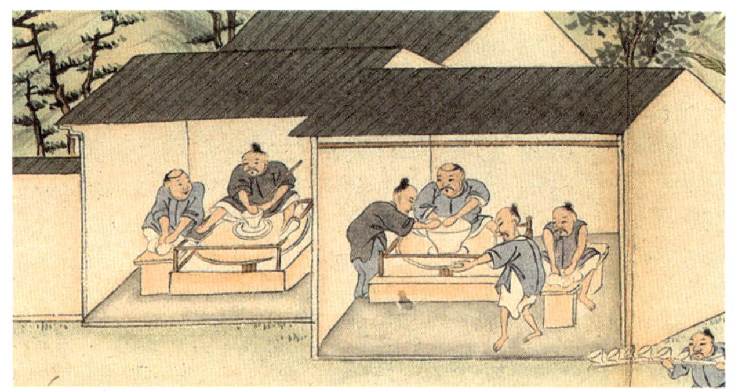

做坯

将泥团置于拉坯车上，工匠凭借匠心巧手，拉出器皿的雏形，此为做“水坯”。

利坯

坯成后，待其自然干燥，再置于辘轳上细细修整，使其规整光滑。

乳料

取云南等地的石子为青花料，石子经洗净、炼熟后，用水细细研磨成浆。工匠须耐心研磨，以确保料浆细腻均匀。

画坯

凡青花器皿，皆在泥坯上作画。工匠们以细笔蘸取青花料浆，在坯体上勾勒出精美的图案，每一笔都承载着匠心。

蘸釉

配置釉水后，需在泥坯外罩以釉料。工匠们用蘸釉、浇釉等手法，使釉料均匀覆盖坯体，为瓷器披上一层光润的外衣。

满窑

用特制的土匣钵装坯，层层叠叠满贮于窑内。这一过程需精心布局，确保坯体在烧制时受热均匀。

烧窑

坯入满窑，封窑门加薪以烧，火光熊熊，烧至三日为度。工匠们日夜守候，精准掌控火候，以确保瓷器烧制成功。

开窑

泥坯烧至三日，化为精美瓷器。熄火开窑，工匠们小心翼翼地取出瓷器，一件件光彩夺目的成品在火光中诞生。

彩绘

五彩瓷器则须先烧成白瓷，再施以彩绘。工匠们在白瓷上精心绘制五彩图案，赋予瓷器绚丽的色彩。

烧炉

五彩瓷器彩绘完成后，再次入炉烧制。炉火微温，烧至彩料与瓷器完美融合，一件件五彩斑斓的瓷器就此诞生。

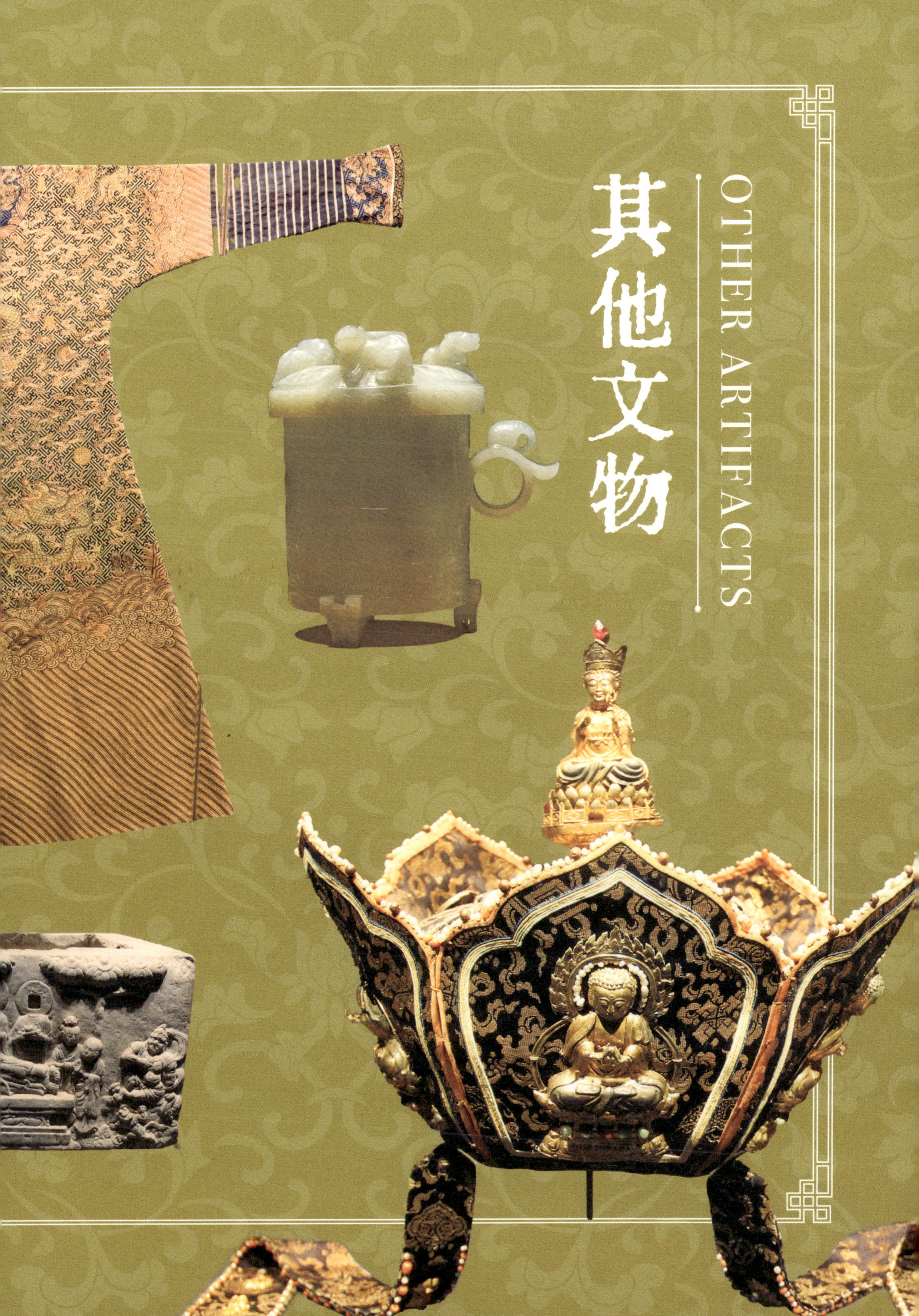
其他文物
OTHER ARTIFACTS

释迦牟尼佛像

北魏金铜造像的典范

佛像呈结跏趺坐，身姿挺拔，躯体健硕，胸脯高挺，双肩厚实，充满力量感，展现出一种雄浑的气魄。面颊圆润饱满，双目细长而深邃，眼神中透出威严与庄重。头饰涡旋状发型，顶部隆起高肉髻，更添庄严之感。整体形象带有北方民族特征，生动地诠释了那个当时的审美与文化内涵。

佛像身着袒右肩袈裟，袈裟自然搭于左肩，胸前衣领处饰有折带纹，这一装饰与山西大同云冈大佛袈裟上的纹样一致。衣纹线条细密且平行排列，展现出厚重的质感与强烈的立体感。

国宝名称：释迦牟尼佛像
所属年代：北魏
材　　质：铜镀金

这尊释迦牟尼佛像通高27厘米，是北魏时期造像的典范之作。佛像整体造型颇为精妙，工艺细腻，不仅生动地刻画出北方鲜卑民族健壮雄阔的形象风格与文化气质，还深刻反映了北魏佛教造像的艺术风貌以及当时浓厚的宗教文化氛围，充分彰显了北魏金铜造像的高超技艺。

佛像座后刻有“大代”这一明确的纪年铭文，“大代”是北魏拓跋部早期的国号，这表明该佛像是佛教传入中国早期阶段的珍贵遗存，对于研究北魏佛教造像的历史演变具有极为重要的参考价值。

这尊释迦牟尼佛像庄重而精美，通身散发着宁静与威严的气息。佛像面庞圆润，神态慈祥安宁，仿佛在静谧中洞察世间万象。右手举于身侧，施无畏印，左手置左膝上，手心向内，手势亲切又豪迈。其所着袈裟衣纹线条流畅自然，生动地展现出垂坠质感。台座下部四足床座周身雕刻精美纹饰，工艺水平极高。

佛像的右手手指自然向上舒展，施无畏印，象征着布施安乐给众生，手势亲切自然，仿佛在向众生传递慈悲与安宁，同时蕴含着一种豪迈的气势，展现出释迦牟尼佛无畏的威严与坚定的力量。

佛像的台座上部为方形束腰须弥座，须弥座两旁各塑一只蹲踞状的狮子，威严而生动；台座下部为浑朴稳重的四足床座，为整个台座提供了坚实的支撑。

四足床座中部为近似方形的空龛，龛楣装饰有卷云纹垂幔和流苏，两侧龛柱旁各立一胡人装束的供养人，手持莲蕾，作合十状，姿态虔诚。龛楣之上雕有首尾相接的椭圆形蔓叶图案，其内装饰着飞鸟，细节之处尽显华丽。

侧面图

石函

世尊涅槃纪事绘

国宝名称：石函
所属年代：辽
材　　质：石

石函长95厘米，宽62厘米，高40厘米，函盖已遗失。石函四周的画面完整地展现了释迦牟尼佛涅槃的宗教场景。

此石函以高浮雕的形式刻画了世尊（佛教徒对释迦牟尼佛的尊称）涅槃的四个重要场景：世尊涅槃、缠裹世尊、升棺说法和金坛供养。这些高浮雕生动地再现了世尊涅槃的宗教内容，具有很高的宗教意义和研究价值。

石函正面的右上角和左上角均刻有阴文，分别为“头北面西，并足枕肱”“顺世无常，示生灭相”，揭示了此面所描绘的正是释迦牟尼佛涅槃的庄严场景。

后排伫立着四位供养菩萨，头梳高髻，肩搭帔帛，其中三位双手合十，另一位菩萨头部虽已残缺，但可见其双手捧着供品。

在娑罗双树的浓荫下，释迦牟尼佛右手托着脸颊，双腿交叠，侧身躺于卧具之上。在佛首后侧，有一位老年弟子满脸悲戚，似正哀伤哭泣；而在佛身后方，另一位弟子身体前倾看向释迦牟尼佛，同样作悲伤哭泣状。在佛足的位置，立着两位弟子，其中一位弟子戴冠，另一位弟子右手抚佛足。

这件石函将人物形象刻画得栩栩如生，反映出辽代佛教艺术的独特风貌。石函四侧分别呈现出释迦牟尼佛涅槃这一佛教故事中的不同场景，从世尊涅槃，到弟子缠裹世尊、世尊升棺说法，再到弟子拾舍利入金坛供养，每一侧的画面都极为生动。

石函右侧右上角刻有阴文“帝释梵王，六欲诸天”；左上角则阴刻“各赠白毡，缠裹世尊”。可见此面所呈现的是弟子缠裹世尊的场景。世尊侧卧于床榻之上，周身已被布帛从头部一直缠绕至脚部。四位弟子肃立在旁，个个面露悲色。

石函左侧右上角阴刻“佛母来双树，□摧棺椁前”，左上角刻“痛心思月面，□目睹金仙”。据此，可知此面刻画的是世尊升棺说法的场景。世尊坐于祥云托起的棺椁上，面对其母摩耶夫人宣说佛法，以尽孝道，身后的二弟子侍立棺椁前后。摩耶夫人由侍女搀扶，悲哀不已。

石函背面的一侧阴刻“柏□□□，双林树间，荼毗舍利，置于金台”，描写了金坛供养的场景。画面中，四位力士扛起一张宝床，床上整齐摆放着八大金坛。前方有两人手持幡旗，为队伍指引方向，后方则有两名弟子紧紧跟随。众人脚下祥云翻涌，生动地展现出释迦牟尼佛荼毗后，信众收集其舍利，郑重地放入金坛、虔诚供养的场景。

此面的左右两侧各有一金刚，左边金刚双手高举，作嚎啕状；右边金刚以手捶胸，作悲恸状。

华锦镀金之佛教宝冠

国宝名称：织锦夹金五佛冠
所属年代：清
出 土 地：北京市西城区妙应寺白塔塔刹

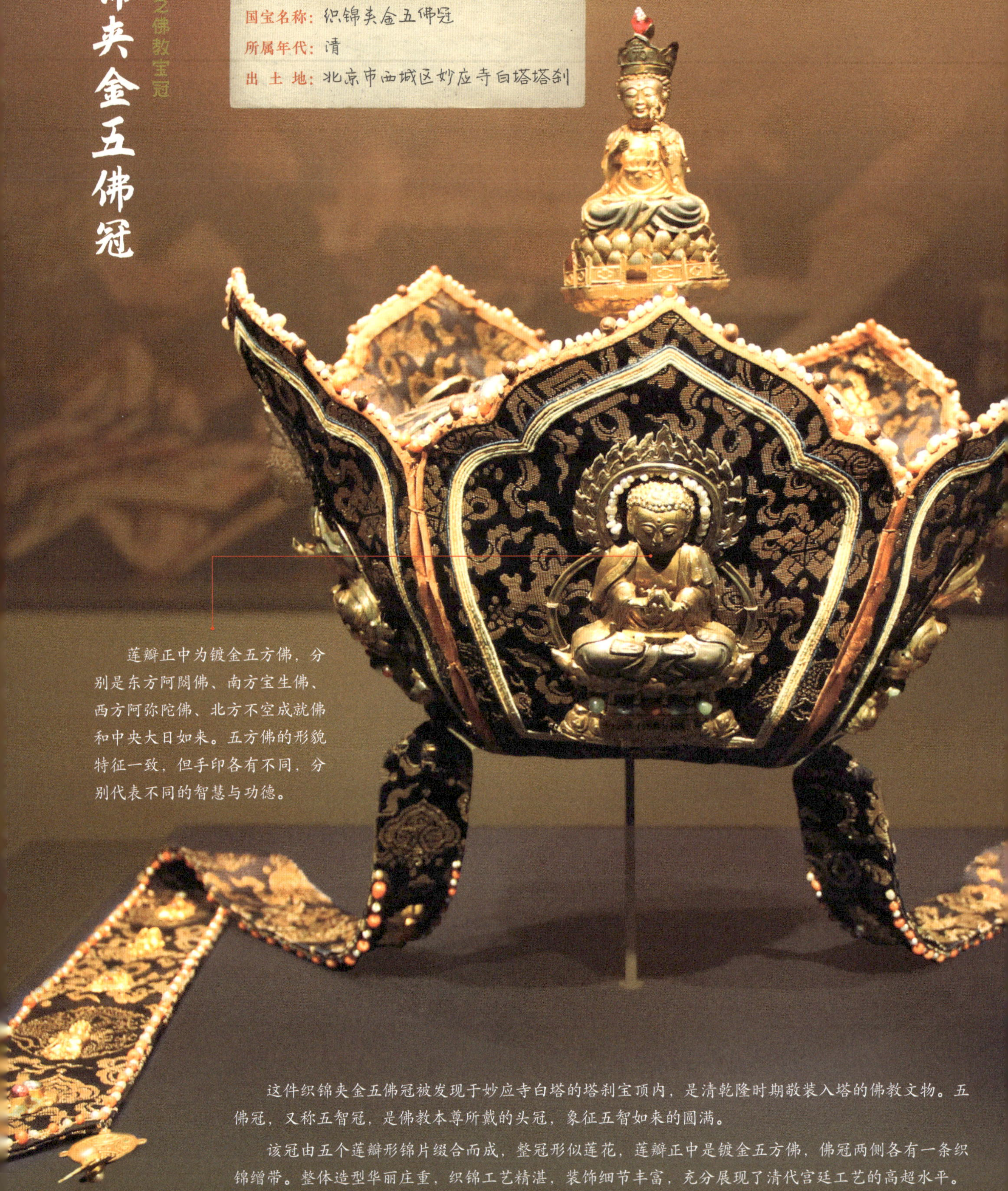

莲瓣正中为镀金五方佛，分别是东方阿閦佛、南方宝生佛、西方阿弥陀佛、北方不空成就佛和中央大日如来。五方佛的形貌特征一致，但手印各有不同，分别代表不同的智慧与功德。

这件织锦夹金五佛冠被发现于妙应寺白塔的塔刹宝顶内，是清乾隆时期敬装入塔的佛教文物。五佛冠，又称五智冠，是佛教本尊所戴的头冠，象征五智如来的圆满。

该冠由五个莲瓣形锦片缀合而成，整冠形似莲花，莲瓣正中是镀金五方佛，佛冠两侧各有一条织锦缯带。整体造型华丽庄重，织锦工艺精湛，装饰细节丰富，充分展现了清代宫廷工艺的高超水平。

佛冠正中顶端为铜镀金金刚持，金刚持呈结跏趺坐姿态，左手持铃，右手握杵，表示功德与智慧的兼具与圆满。其佛冠同为五莲瓣形，顶部镶嵌着一颗璀璨的红宝石，为整个冠饰增添了几分华丽与神圣。

这件织锦夹金五佛冠表面施以金线装饰，并镶嵌珍珠、宝石共950颗，显得极为华丽。佛冠的装饰丰富多样，包括莲瓣、佛像、梵文字母、八仙、八宝等元素，这些元素均蕴含着深远的宗教内涵。整件佛冠不仅体现了清代织锦的高超技艺和奢华风格，还展现了佛教艺术的庄严与神圣。

俯视图

佛冠上还缀有三个铜质梵文字母和日、月形铜片。梵文字母音译为“嗡”“阿”“吽”，分别代表佛教的“身”“语”“意”。可见，这件佛冠的每处细节都蕴含着丰富的宗教内涵。

佛冠两侧各垂一条织锦缯带，缯带修长飘逸，织绣工艺精湛，其上精心点缀着八仙、八宝图案和鲜艳宝石，边缘也镶嵌着红白相间的小颗宝石，为整件佛冠又添几分华贵绮丽。

妙应寺白塔与塔内珍宝

1978 年秋，文物部门在对一座因唐山地震受损的白塔进行修缮时，于塔刹宝顶内发现一批清乾隆十八年（1753 年）修塔时敬装的珍贵佛教文物，其中就包括工艺精妙绝伦的织锦夹金五佛冠。而承载这些珍宝的白塔，正是坐落于北京市西城区阜成门内大街路北的妙应寺白塔。

妙应寺白塔，始建于元至元八年（1271年），由元世祖忽必烈亲自选址，国师亦怜真与尼波罗国（今尼泊尔）工艺家阿尼哥分别负责装藏和建造事宜。此塔通高50.9米，为砖石结构，由须弥座、覆钵、相轮和塔刹四部分构成，整体造型浑朴，气势宏伟。

铜镀金嘎乌及赤金长寿佛（清，首都博物馆）

此佛像发现于楠木佛经函内，外为铜镀金嘎乌，整体呈“凸”字形，内外满刻藏文《尊胜咒》。内奉一尊纯金打造的长寿佛，其结跏趺坐，全身镶嵌44颗红宝石，装饰华美，做工精细，形象庄严。

楠木佛经函内一百零八子佛珠（清，首都博物馆）

佛教认为，手执佛珠的同时，若反复称念佛号，可遏制妄念，增强定力、增长智慧。此串佛珠珠数共108颗，其含义为可以消除众生108种烦恼。

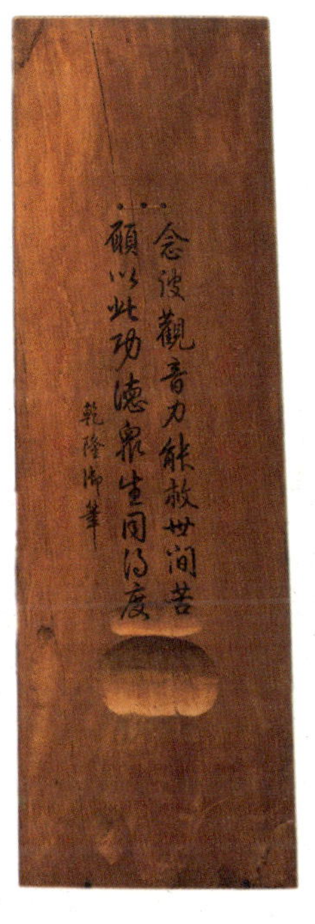

黄檀木观音菩萨像（清，首都博物馆）

这件文物采用整块黄檀木雕刻而成，正面镶嵌一块彩绘木盖。木盖外侧绘有哼哈二将，内面有竖行墨书观音偈：“念彼观音力，能救世间苦；愿以此功德，众生同得渡。”龛内上方雕刻观音菩萨坐像，下方置有一个木质圆盒，盒内供奉着舍利子等佛教圣物。整件文物选材考究，工艺精湛，充分展现了清代皇家艺术的高雅与尊贵。

五彩线密封册（清，首都博物馆）

这件密封册整体呈正方形，由象征“五佛”或“五智”的红、黄、蓝、白、绿五色丝线缠绕编织而成。正反两面中央以金线缠绕成白塔图案，塔身正面绣有一梵文（读音为“啊”）。经科学仪器检测，密封册内藏有一座小白塔，塔身部位有一尊小金佛。这种独特的设计展现了一种神秘而庄重的奉佛形式。

缂金十二章龙袍

纹饰寓意深刻的华服

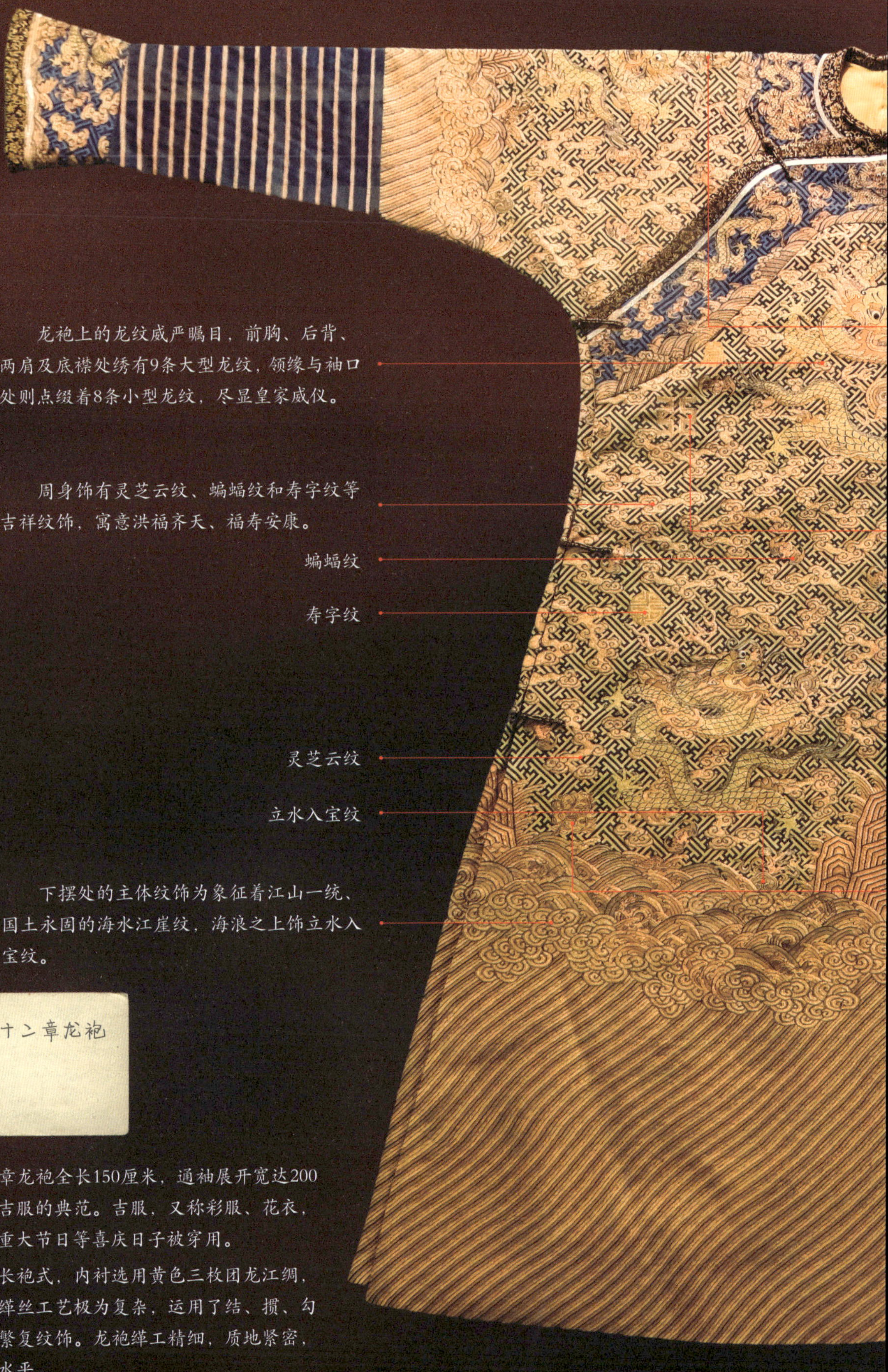

龙袍上的龙纹威严瞩目，前胸、后背、两肩及底襟处绣有9条大型龙纹，领缘与袖口处则点缀着8条小型龙纹，尽显皇家威仪。

周身饰有灵芝云纹、蝙蝠纹和寿字纹等吉祥纹饰，寓意洪福齐天、福寿安康。

蝙蝠纹

寿字纹

灵芝云纹

立水入宝纹

下摆处的主体纹饰为象征着江山一统、国土永固的海水江崖纹，海浪之上饰立水入宝纹。

国宝名称：缂金十二章龙袍
所属年代：清
材　　质：丝绸

这件缂金十二章龙袍全长150厘米，通袖展开宽达200厘米，是清代皇帝吉服的典范。吉服，又称彩服、花衣，通常在皇帝寿辰、重大节日等喜庆日子被穿用。

此龙袍为直身长袍式，内衬选用黄色三枚团龙江绸，质地柔软舒适。其缂丝工艺极为复杂，运用了结、掼、勾等多种技法，绘以繁复纹饰。龙袍缂工精细，质地紧密，展现了极高的工艺水平。

国宝放大镜

这件龙袍主体纹饰以四色缂金工艺为主，施三色捻金线缂织各种纹饰。以明黄色为主色调，既华贵又庄重。龙袍周身饰有十二章纹——日、月、星辰、群山、黼、黻、龙、华虫、宗彝、藻、火、粉米，每一章纹都有着深刻的寓意。

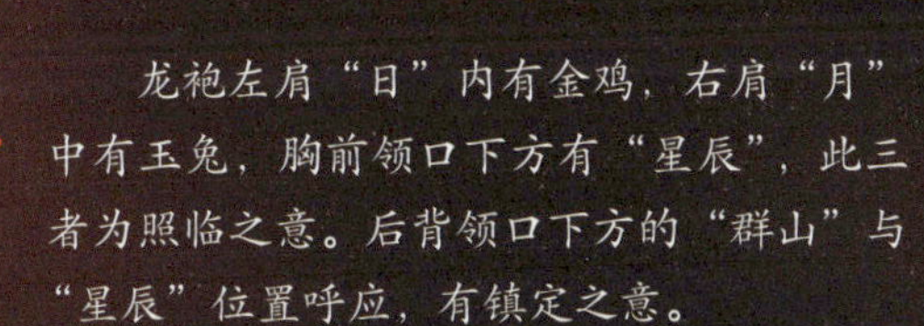

龙袍左肩“日”内有金鸡，右肩“月”中有玉兔，胸前领口下方有“星辰”，此三者为照临之意。后背领口下方的“群山”与“星辰”位置呼应，有镇定之意。

胸前左侧的“黼”为斧形，有决断之意；而右侧的“黻”形似两弓相背，为辨明之意。后背处相应位置分别有“龙”“华虫”，分别取其变幻、文采华丽之意。

前身下摆之上，左有“宗彝”，形为宗室祭祀的彝樽，取忠孝之意；右有“藻”，即水草，取洁净之意。相应的，后身下摆左为“火”，有光明之意，右为“粉米”，有养育之意。

在形制方面，龙袍沿用了满族袍服的样式——圆领、右衽、马蹄袖、四开裾。在色彩上，其与《清史稿·舆服志》中记载的“龙袍，色用明黄。领、袖俱石青，片金缘。绣文金龙九。列十二章，间以五色云”内容一致，而龙纹、十二章纹等纹饰均为汉族传统纹饰。因此，这件龙袍反映了清代汉族与满族文化的融合。

广寒宫螺钿漆器残片

广寒宫『户型图』

国宝名称：广寒宫螺钿漆器残片
所属年代：元
出 土 地：北京市西城区后英房元大都遗址

这件广寒宫螺钿漆器残片是迄今出土的唯一一件元代螺钿漆器，也是目前发现的最早的平脱薄螺钿器物。它不仅证明了元代已经掌握薄螺钿镶嵌工艺，还展现了元代漆器工艺的高超水平。

该漆器的刻工极为精细，所有画面均以螺钿镶嵌而成，色泽变化丰富多样。由于其出土时的碎片中有“广”字残迹，结合其描绘的景物，专家将其定名为“广寒宫”图。

一道云气自楼阁下层袅袅腾起，掠过楼顶，直冲云霄，为周遭渲染出一种仙雾缭绕、如梦似幻的空灵氛围。

嵌螺钿，是一种将螺壳与海贝切割、磨制成薄片，根据画面的需求，刻上精美纹饰后，在器物的表面进行镶嵌的一种装饰工艺。此残片所镶嵌的螺钿均为细小的鲍贝薄片。在这幅画面中，屋瓦、树叶、云气等均呈现出五彩缤纷的效果，充分显示了元代工匠的高超技艺。

平脱，是一种将金、银等装饰物用胶漆平粘于素胎上，在空白处填漆，再加以细磨，使粘上的纹饰与漆面平齐的装饰技法。

这件漆器残片采用薄螺钿镶嵌工艺，以黑色漆为底色，图案由极薄的螺钿片拼接而成。残片正中描绘了一座两层三间重檐歇山顶式楼阁，周围环绕着附属建筑、云气、树木等元素，整体画面色彩绚丽丰富，工艺十分精湛。

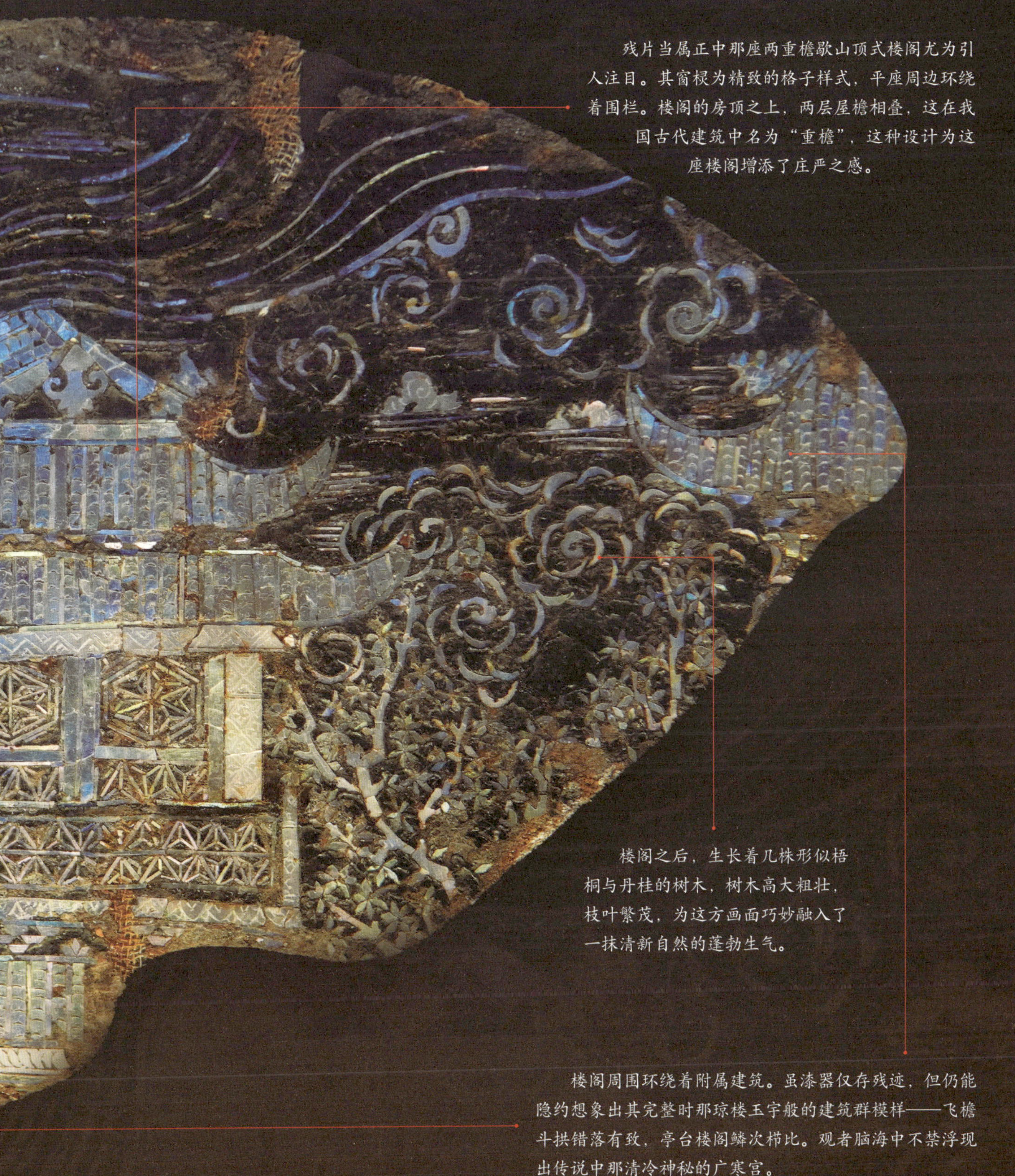

残片当属正中那座两重檐歇山顶式楼阁尤为引人注目。其窗棂为精致的格子样式，平座周边环绕着围栏。楼阁的房顶之上，两层屋檐相叠，这在我国古代建筑中名为“重檐”，这种设计为这座楼阁增添了庄严之感。

楼阁之后，生长着几株形似梧桐与丹桂的树木，树木高大粗壮，枝叶繁茂，为这方画面巧妙融入了一抹清新自然的蓬勃生气。

楼阁周围环绕着附属建筑。虽漆器仅存残迹，但仍能隐约想象出其完整时那琼楼玉宇般的建筑群模样——飞檐斗拱错落有致，亭台楼阁鳞次栉比。观者脑海中不禁浮现出传说中那清冷神秘的广寒宫。

“子刚”款白玉夔凤纹卮

玉卮盛酒置君前

国宝名称：“子刚”款白玉夔凤纹卮
所属年代：明
出 土 地：北京市海淀区德胜门外小西天黑舍里氏墓

这件“子刚”款白玉夔凤纹卮通高10.5厘米，口径6.8厘米。从造型上看，它是仿照青铜器的设计风格制作而成，展现出明代玉器仿古与创新相结合的艺术风格。此器通体采用白玉材质打造，局部带有糖色以及暗绺。玉质温润细腻，经过精细的抛光处理后，表面光泽感十足。

这件文物是在黑舍里氏墓中被发现的。黑舍里氏是清康熙朝辅政大臣索尼的孙女，由此推测，这件玉卮很有可能是其家族从明朝宫廷中继承而来的珍贵藏品。

这件“子刚”款白玉夔凤纹卮器身饰以精美的龙凤纹和云纹，盖面圆雕盖钮及三只小兽，且饰有三组牛首纹。杯侧的扳上饰一象头，设计精巧，工艺细腻。扳下方底部刻有“子刚”款，明确体现出这件器物是明代玉雕大师陆子刚的代表作之一。

器身以细腻的隐起云纹为底，第二层采用浅浮雕技法，巧妙地雕出一对首首相向的龙凤，它们栩栩如生，仿佛在对视交流。第三层则运用流畅的阴刻线条，勾勒出龙凤的局部细节，使整体图案层次分明，灵动而不失精致。

在明代玉雕领域，陆子刚堪称一代宗师。他活跃于嘉靖至万历年间，凭借其卓越的技艺被万历皇帝钦点入宫，专门为皇室雕琢玉器，琢玉技艺闻名朝野。

盖顶中央精心圆雕出盖钮，其周围环绕着三只姿态生动的小兽。盖面在盖钮与玉兽之外的区域，以隐起和细腻的阴刻线技法，巧妙地雕琢出三组牛首纹，展现出古朴而庄重的美感。

杯身一侧带扳，其上雕琢出象头，设计新颖，琢磨细润。扳的下部以减地阳文篆字镌刻着“子刚”二字，可知这件玉器来历非凡。

器物底部设三个兽首形足，它们与盖顶的三只小兽等距分布，相互呼应，体现出一种对称的和谐之美，展现了匠人对整体造型的精心布局。

在中国大运河的北端，北京大运河博物馆见证了北京从古至今的发展与变迁，诉说着大运河与北京城的不解之缘。沿着大运河的脉络南下，我们来到了扬州，这里的中国大运河博物馆如同一颗璀璨的明珠，静静地矗立在三湾古运河畔，以丰富的馆藏资源，讲述着大运河的前世今生。

○ 位置与规模

中国大运河博物馆位于江苏省扬州市广陵区，地处三湾古运河畔的三湾景区内。博物馆总建筑面积约7.9万平方米。主体建筑由展馆和大运塔两部分组成，整体造型宛如一艘即将扬帆起航的巨轮，巧妙融合了传统与现代之美。大运塔与周边的文峰塔、天中塔遥相呼应，形成了“三塔映三湾”的独特景观。

馆内设有展览展示部、社会服务部、典藏征集部、大运河文化研究部等11个部门，配备了一流的专业人才队伍和完善的管理保障体系，具备提供优质公共文化服务的能力。中国大运河博物馆是国家一级博物馆，荣获“全国民族团结进步模范集体”、第十九届（2021年）“全国博物馆十大陈列展览精品推介”精品和“2023年度全国最具创新力博物馆”等多项行业内重要荣誉。

○ 展览设置

中国大运河博物馆的展览以大运河发展变迁为时间轴，以大运河的全流域为空间范畴，设有多个常设展和专题展，全方位地展示大运河的历史、文化、生态和科技价值。

展览包括“大运河——中国的世界文化遗产”“因运而生——大运河街肆印象”“运河上的舟楫”三个常设展，“世界知名运河与运河城市”“中国大运河史诗图卷”“运河湿地寻趣”“大运河的非物质文化遗产”“紫禁城与大运河”“隋炀帝与大运河”“河之恋”“大明都水监之运河迷踪”等多个专题展，通过文物展示、场景再现、多媒体互动等多种形式，展现大运河的前世今生。

此外，博物馆还举办过“行经千折水——丝绸之路上的麦积奇观”“运载千秋——新时代大运河重要考古成果展”等临时展览，向观众讲述运河文物保护利用、遗产保护传承和文化带建设发展等，凭借其创新的展示形式和丰富的文化内涵，被誉为大运河的“百科全书”。

藏品概况与馆藏珍品

中国大运河博物馆藏品丰富，涵盖自春秋至当代的各类文物展品，包括古籍文献、书画、碑刻、陶瓷器、金属器、杂项等，总数超过1万件（套），多与运河主题相扣。此外，馆内还收藏了大量与运河相关的图书、文献和资料。这些文物不仅数量众多，而且独具特色，既有全国性的珍贵藏品，也有体现江苏地域文化的特色文物；既有宫廷传世品，也有考古发掘品。从春秋到当代，各朝代均有珍品，这些文物成为数千年中国大运河文明发展的重要见证。

汴河剖面（局部）

所属年代｜唐至明　　出土地｜河南省开封市州桥遗址

汴河剖面横宽25.7米，纵高8米，是迄今国内揭取的体量最大的土遗址剖面。剖面上，考古学家清晰标注了唐宋元明清各个朝代所属的地层，展现了河道从宽到窄，直至淤积成平地的过程，直观地反映了大运河的发展与变迁。唐宋时期，河道堆积呈现锅底状，当时的汴河是重要的水路，河道堪称立国之本，因而河道沉积物多；元时期，京杭大运河截弯取直，汴河风光不再，逐渐失去了国家交通“动脉”的地位，所以此层堆积浅且少；到了明末时期，黄河泛滥，汴河逐渐填满淤泥，越变越窄，因而堆积的文物少且位置最深。一层层砂土、一件件文物，宛如汴河千年变迁的“时间密码”，静静地诉说着大运河的沧海桑田。

阿克当阿款青花八吉祥纹三足炉

所属年代｜清　　材质｜瓷

此炉高37.6厘米，口径21.2厘米，耳距34厘米，腹径25厘米，造型端庄沉稳，气度非凡。其口束颈，两侧饰冲天朝冠耳，腹部圆鼓，下承三蹄足。腹部主体满饰缠枝莲托八宝纹饰，花朵饱满，枝叶繁密，层次分明，开光处书写有铭文："嘉庆庚申年九江关监督阿克当阿供奉"，口沿处亦有青花书"三元宫"三字款。从铭文可知，本炉为清嘉庆庚申年（1800年）江西九江关监督阿克当阿为三元宫烧制的供奉之物。

掐丝珐琅鎏金太平有象熏炉

所属年代｜清　　材质｜珐琅

这件熏炉通高44厘米，口径25.7厘米，耳距37.7厘米，盖径25厘米。其造型为厚口沿、深弧腹，两侧饰有象鼻形耳，底部承三象首足。炉盖高拱，饰如意云头式开光和镂雕缠枝莲纹。盖顶置一卧象，象身驮聚宝盆。熏炉口沿处錾刻回纹，炉身以天蓝色珐琅釉为地，饰单线掐丝莲纹和双线掐丝叶脉缠枝。

"慈禧太后御笔"寿铭掐丝珐琅花卉剔红五福捧寿纹鎏金玻璃柄镜

所属年代｜清　　材质｜珐琅

此镜的镜身成"亚"字形，镜背剔红，中间刻"寿"字，上方有篆书"慈禧皇太后御笔之宝"，右上侧有楷书"慈禧皇太后御笔"，左下侧有楷书"光绪二十年十月十五日"字样。此镜集珐琅彩、剔红、鎏金等多种工艺于一体，弥足珍贵。

掐丝珐琅缠枝花卉鎏金羊形尊

所属年代｜清　　材质｜珐琅

此器物造型别致，以铜胎作卧羊形态，卧羊体态丰腴饱满，双目圆瞪，炯炯有神。周身以掐丝绘制繁复花卉图案，以天蓝色珐琅釉作底，红、黄、蓝等多色珐琅釉填饰花朵。腹底阴刻"乾隆年制"四字楷书款。

北京市其他博物馆名录（节选）

故宫博物院

中国国家博物馆

国家自然博物馆

中国法院博物馆

中国人民革命军事博物馆

中国地质博物馆

中国农业博物馆

中国航空博物馆

中国人民抗日战争纪念馆

北京鲁迅博物馆

周口店遗址博物馆

恭王府博物馆

中国华侨历史博物馆

中国妇女儿童博物馆

中国海关博物馆

民航博物馆

中国现代文学馆

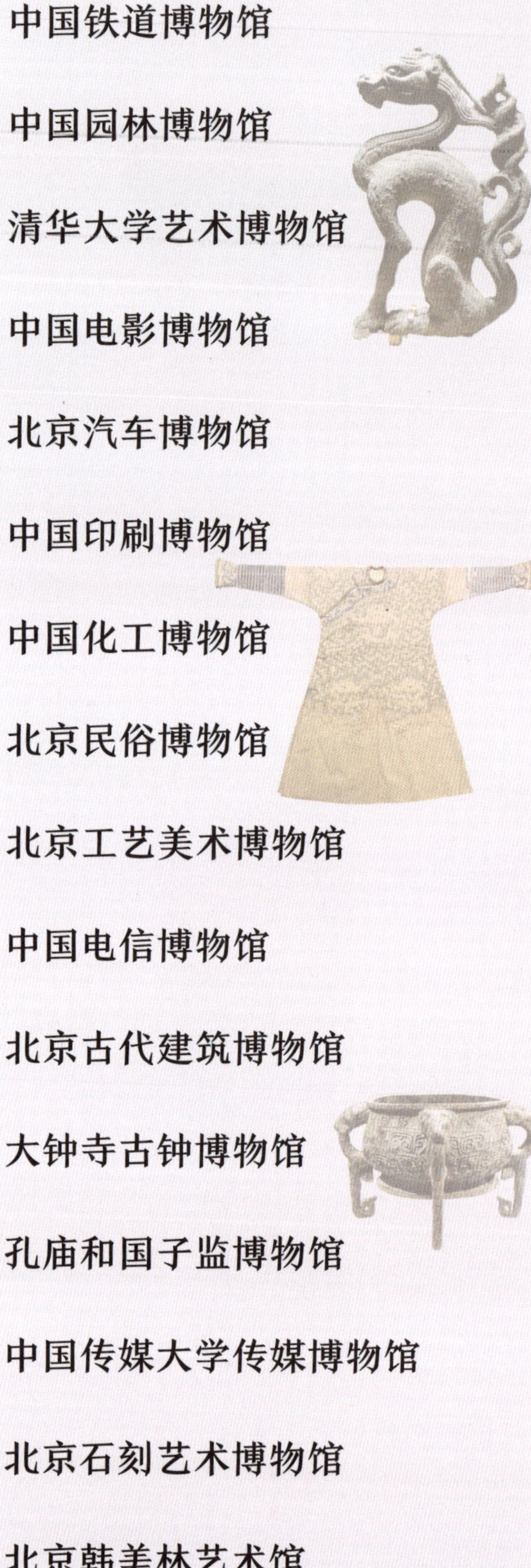

中国铁道博物馆

中国园林博物馆

清华大学艺术博物馆

中国电影博物馆

北京汽车博物馆

中国印刷博物馆

中国化工博物馆

北京民俗博物馆

北京工艺美术博物馆

中国电信博物馆

北京古代建筑博物馆

大钟寺古钟博物馆

孔庙和国子监博物馆

中国传媒大学传媒博物馆

北京石刻艺术博物馆

北京韩美林艺术馆

首都博物馆建筑融古典美和现代美于一体，展现古都文化之深厚底蕴与独特魅力。伯矩鬲是西周燕国贵族伯矩所铸的青铜器，其造型独特，装饰着七个雄浑华丽的牛首兽面纹，纹饰繁复精美，匠人采用高浮雕与平雕相结合的技法，营造出一种雄奇威武的视觉效果。

伯矩鬲

图书在版编目（CIP）数据

首都博物馆 / 红糖美学著. -- 武汉：华中科技大学出版社，2025. 6. --（中国博物馆全书）.

ISBN 978-7-5772-1814-4

Ⅰ. G269.271

中国国家版本馆CIP数据核字第202581HM80号

中国博物馆全书. 第三辑 首都博物馆 红糖美学 著

Zhongguo Bowuguan Quanshu. Di-san Ji Shoudu Bowuguan

出版发行：华中科技大学出版社（中国·武汉） 电话：（027）81321913

华中科技大学出版社有限责任公司艺术分公司 （010）67326910-6023

出 版 人：阮海洪

责任编辑：张 颖 刘昊威 夏瑞付 林晓春 封面设计：魏 薇

责任监印：赵 月 张 丽

制　　作：王玉平

印　　刷：河北朗祥印刷有限公司

开　　本：889mm × 1194mm 1/16

印　　张：60

字　　数：663千字

版　　次：2025年6月第1版第1次印刷

定　　价：998.00元（全10册）

华中出版